W0324242

Deutsche Feuerwehrfahrzeuge aller Zeiten

Eines der größten deutschen Feuerwehrfahrzeuge ist dieses vierachsige Hilfeleistungs-Tanklöschfahrzeug der BF Duisburg. Es wurde in 2. Generation beschafft, bewährte sich wegen seiner Größe nicht sonderlich und blieb ein Einzelstück, das wenige Jahre nach Inbetriebnahme in Reservedienste abgeschoben wurde (vgl. auch S. 87 Mitte, S. 97 oben, S. 98 Mitte). Daten: Mercedes-Benz 2636 A 8x6/4, H-TLF 24/50-25, Aufbau Bachert, Bj. 1984, Besatzung 1+5.

Das Titelbild zeigt einen Magirus-Deutz F Mercur 125 A, TLF 16/Magirus, Bj. 1962, WF Deutsche Bundesbahn, AW Opladen

Axel Johanßen

# Deutsche Feuerwehrfahrzeuge aller Zeiten

PODSZUN

# Inhaltsverzeichnis





3. Auflage 1997
Verlag Walter Podszun
Elisabethstraße 25, D-59929 Brilon
Herstellung Druckhaus Cramer, Greven
ISBN 3-86133-102-0

# Einleitung

Wo immer Unglücksfälle geschehen, Menschenleben, Umwelt und Sachwerte in Gefahr geraten, also schnelle und wirksame Hilfen besonders dringend sind, ist der Einsatz der Feuerwehr gefragt. Selbstverständliche und unentbehrliche Hilfsmittel der Feuerwehren sind die Fahrzeuge, mit denen die Helfer zum Einsatzort ausrücken.

Die Entwicklungsgeschichte der Feuerwehrfahrzeuge von heute ist fast ebenso alt wie die Geschichte des Automobils und nicht minder interessant. Erfindergeist und technische Fortentwicklung ermöglichten es, die Fahrzeuge laufend zu verbessern und den wachsenden Anforderungen anzupassen.

Das vorliegende Buch will die Entwicklungsgeschichte der Feuerwehrfahrzeuge (ohne Rettungsfahrzeuge) nachzeichnen, die Entstehung von den einfachen Feuerspritzen und Leiterwagen bis zu den heutigen Normfahrzeugen, den Sonder- und Einzelkonstruktionen darstellen.

Besonderes Augenmerk verdienen dabei die unterschiedlichen äußeren Baumerkmale, die es ermöglichen, Fahrzeuge bestimmten Bauepochen zuzuordnen. Um auch feuerwehr-technische Einsteiger nicht zu überfordern, wurde weitgehend auf Vermittlung von Insider-Kenntnissen verzichtet.

Eine lückenlose Darstellung kann und will dieses Buch nicht sein. Vielmehr soll es einen kompakten Überblick geben mit einem generellen Informationsgerüst, das dem interessierten Leser als Basis zum Studium weitergehender Fachliteratur dienen mag.

Alle nicht namentlich gekennzeichneten Fotos dieses Buches stammen vom Verfasser selbst. Sie entstanden in den zurückliegenden 17 Jahren bei zahllosen Feuerwehren, Fahrzeug-Sammlern und Museen in der Bundesrepublik, nach Öffnung der Grenzen zur DDR auch in den heutigen neuen Bundesländern. Sie spiegeln damit nicht nur feuerwehr-technische Geschichte bis in die Gegenwart wider, sondern bieten auch einen bildlichen Querschnitt durch die in Deutschland museal erhaltenen Feuerwehrfahrzeuge.

Dank schuldet der Autor allen Feuerwehrmännern und auch -frauen in Ost und West, die jede Hilfestellung gaben, um die Fahrzeuge fotografieren zu können; gerade bei historischen Wagen war oft viel Aufwand damit verbunden.

Zum Schluß sei der Hinweis gestattet, daß sich bei diesem Buch, wie bei allen Werken von Menschenhand, sicher Fehler und Ungereimtheiten, insbesondere bei technischen Daten und Typenangaben, eingeschlichen haben. Für eventuelle Ergänzungen und Richtigstellungen ist der Verfasser dankbar. Zuschriften bitte über die Verlagsadresse.

Gummersbach, im April 1993

Axel Johanßen

Stilreine Fahrzeugtechnik aus den 50er Jahren bot die Werkfeuerwehr der Bergbau AG Niederrhein, ehemals Rheinpreußen, in Moers bis in die 80er Jahre: Fünf verschiedene Mercedes-Benz LF 3500 bzw. LF 311 in Paradeaufstellung.

# Von der Frühzeit bis 1920

Bevor Antriebsmaschinen die Muskelkraft von Menschen und Tieren zu ersetzen begannen, rückte man Feuersbrünsten mit allerlei Gefäßen, später mit tragbaren oder auf hölzernen Wagen montierten Löschwasserpumpen zu Leibe. Die Geschichte dieser oft von Pferden gezogenen, durch den Menschen bedienten Handdruckspritzen reicht bis in die Mitte dieses Jahrtausends zurück. Die Leistungsfähigkeit solcher Geräte war nicht nur von der Technik der jeweiligen Pumpe abhängig, sondern in erster Linie von den Kräften und der Ausdauer der Menschen, die sie bedienten. Steigerungen waren hier nur sehr bedingt möglich,

Über Jahrhunderte leisteten Handdruckspritzen wie diese der FF Gambach bei den Feuerwehren wertvolle Dienste. Ihre Bedienung war, wie die Fahrt zum Einsatzort, kräfteraubend. Deshalb benutzte man Pferde für Spanndienste, soweit sie schnell verfügbar waren.

Die Vorteile der Dampfmaschine, die der industriellen Entwicklung im 19. Jahrhundert unschätzbare Impulse gegeben hat, fand in der Feuerwehrtechnik schnell Eingang. Erst als der Verbrennungsmotor ausgereift war, begann der Stern der Dampfspritzen zu sinken. Diese betriebsfähige Pferdezug-Dampfspritze wurde 1903 von der Waggon- u. Maschinenfabrik AG Bautzen (vorm. Busch) an die BF Dortmund ausgeliefert. Heute steht sie im DFM in Fulda. Technische Daten: Quersiedekessel mit Überhitzer, max. Druck 10 bar, Dampfmaschine mit zwei Zylindern, Kolbenpumpe mit 2.000 l/min max. Förderleistung.

zumal mit zunehmender Größe der Spritzen ihre praktische Handhabung an Grenzen stieß und auch die Leistungsfähigkeit der Bedienungsmannschaften naturgemäß nicht unerschöpflich war.
Nachdem die Dampfmaschine ihre Vorteile und ihre Zuverlässigkeit unter Beweis gestellt hatte, lag es also nahe, die Überlegenheit dieser Erfindung auch für den Betrieb von Feuerspritzen nutzbar zu machen. 1828 baute der schwedische Ingenieur John Ericsson in London erstmals eine von einer Dampfmaschine angetriebene Feuerlöschpumpe auf einen fahrbaren zweiachsigen Wagen. Weitere zwölf Jahre später gelang in New York die Konstruktion einer Feuerspritze, bei der die Dampfmaschine nicht nur die Pumpe, sondern auch das Fahrzeuges selbst antrieb.

Obwohl die technische Verfeinerung der Dampfmaschine nach und nach auch beim Bau von Dampfspritzen Eingang fand, blieben ihre grundlegenden Nachteile bestehen: Dampfmaschinen sind schwergewichtig und, soweit sie nicht ständig angeheizt sind und unter Druck stehen, nicht sofort einsatzbereit.

Außerdem erfordern sie insbesondere bei Pferdebespannung hohe Betriebskosten. Trotzdem waren Fachleute auch nach dem Bau des ersten motorgetriebenen Automobils durch Gottlieb Daimler 1886 der Meinung, als Löschgerät sei eine Dampfspritze die optimale Lösung. Den Verbrennungsmotor erachtete man vor der Jahrhundertwende noch als nicht ausgereift.

Einst waren Handdruckspritzen der Stolz jeder Feuerwehr, heute fungieren sie nur noch als Schau- und Museumsstücke. Dieses Gespann fuhr im Festzug zum 125jährigen Jubiläum der FF Meißen mit.

Diese pferdegezogene Benzinmotorspritze der FF Schwinge wurde erst 1924 von Koebe/Luckenwalde gebaut, zu einer Zeit also, als sich Automobile längst durchgesetzt hatten. Mit zunehmender Motorisierung der Landwirtschaft wurden Traktoren wie dieser Deutz Typ F 1 M 514 mit 11 PS (Baujahr 1936) als Zugfahrzeuge verwendet.

Zahlreiche Handdruckspritzen, Drehleitern und andere zeitgenössische Ausrüstungsstücke, aber auch historisch wertvolle Kraftfahrzeuge aus allen Epochen nennt das Deutsche Feuerwehr-Museum in Fulda sein Eigen. Ein Besuch dort kann sehr empfohlen werden.

Im letzten Jahrzehnt des 19. Jahrhunderts erwuchs der Dampfmaschine als Hilfsgerät der Feuerwehren Konkurrenz in Form des Elektromotors, der durch Batterien gespeist wurde. Es war die Nürnberger Feuerlöschgeräte- und Maschinenfabrik, die 1897 das erste elektromobile Feuerwehrfahrzeug vorstellte. Mit einer Kupplung ließ sich der Motor sowohl zur Fortbewegung als auch zum Pumpenantrieb einsetzen.

Die Adler-Werke bauten schließlich im Jahre 1901 das erste Feuerwehrfahrzeug mit Benzinmotor, das neben der Mannschaft unter anderem eine Schlauchhaspel und drei Hakenleitern transportieren konnte. Als Kombination von Verbrennungs- und Elektromotor entstanden zu Beginn dieses Jahrhunderts noch Fahrzeuge mit Benzin-Elektro-Antrieb. Dabei trieb ein Ottomotor einen Stromgenerator, der die Energie für die in den Radnaben angeordneten Elektromotoren lieferte. Die eingebaute Löschpumpe wurde direkt vom Verbrennungsmotor angetrieben. Derartige Fahrzeuge mit sogenanntem Mixt-Antrieb erlangten relativ weite Verbreitung.

Im ersten Jahrzehnt dieses Jahrhunderts wurden die verschiedenen Antriebs-Systeme kombiniert und getestet. So gab es zum Beispiel auch Dampfspritzen mit Elektro-Radnabenmotoren. Unter den Fachleuten entstanden heftige Glaubenskriege, denn beinahe jeder namhafte Feuerwehr-Chef schwor auf seine Kombination. Mit wachsender Zuverlässigkeit des Verbrennungsmotors war die Zeit aller anderen Systeme etwa mit Beginn des Ersten Weltkrieges vorbei. Fortan galt dem Ottomotor auch bei den Feuerwehrfahrzeugen die Zukunft.

1892 lieferte Conrad Dietrich Magirus aus Ulm seine erste Drehleiter aus. Sie wurde an die Moskauer Feuerwehr übergeben. Ihr folgten zahlreiche ähnliche Fahrzeuge, die in Deutschland und vielen anderen Ländern gute Dienste bei der Rettung von Menschen leisteten.
Foto: IVECO-Magirus AG, Ulm

Zu den wichtigsten Hilfsmitteln bei der Brandbekämpfung gehören von Alters her neben den Wassergefäßen und Pumpen auch die Leitern, die insbesondere zur Rettung von Menschen eingesetzt werden. Schon vor der Motorisierung gab es neben den fahrbaren Pumpen auch Wagen zum Transport der Leitern. Schon hier ist festzustellen, daß sich als früher Vorläufer der später motorisierten Drehleitern ein Spezialfahrzeug herausbildete. Recht bald entstanden weitere Sonderfahrzeuge, die, oft speziellen örtlichen Gegebenheiten angepaßt, ganz bestimmten Zwecken dienten. So gab es zum Beispiel Wagen mit Werkzeugen, mit umfangreichem Schlauchmaterial, mit Gerätschaften zur Beseitigung von Rohrbrüchen oder mit einer elektrischen Beleuchtungsanlage. Angesichts der wachsenden Aufgaben der Feuerwehren war der Trend zu immer spezielleren Fahrzeugen schon damals erkennbar. Er setzt sich, wie wir noch sehen werden, bis in die Gegenwart fort.

Der Krieg, der dem Sprichwort zufolge angeblich der Vater aller Dinge sein soll, hatte auch dem Kraftwagen ab 1914 entwicklungstechnisch auf die Sprünge geholfen. Mit Hilfe von Staatszuschüssen war der sogenannte Subventionslastwagen, ein kriegstauglicher Lkw, entstanden, dessen Baumerkmale auch nach dem Ende des 1. Weltkrieges Maßstäbe setzte. Nicht zuletzt war es durch massive finanzielle Unterstützung der Militärs gelungen, den Verbrennungsmotor zu einem hohen Maß an Betriebstauglichkeit zu bringen, so daß auch in Feuerwehr-Fachkreisen niemand mehr an den Vorzügen des Otto-Motors zweifeln konnte.

Schon Ähnlichkeit mit einem Kraftfahrzeug hat diese selbstfahrende Dampf-Feuerspritze von 1914. Unter der vermeintlichen Motorhaube befindet sich jedoch nur ein Stauraum, denn die Dampfmaschine treibt nicht nur die Pumpe an, sondern über Kettenantrieb auch die Hinterräder. Das Fahrzeug gehört dem Stadtmuseum Dresden und bereichert als Leihgabe die Sammlung der Arbeitsgemeinschaft Feuerwehr-Historik in Riesa/Elbe.

Diese Daimler-Kraftfahrspritze vom Typ AFZ 15, die 1913/1914 gebaut wurde, zeigt bereits charakteristische Baumerkmale solcher Fahrzeuge, die sich bis zum Ende der 20er Jahre hielten: Der Holzaufbau war offen und bot, abgesehen von der "Windschutzscheibe", keinen Schutz vor Nässe und Kälte. Die Vollgummi-Bereifung auf allen Rädern, damals schon ein Fortschritt gegenüber den eisenbereiften Spritzen, ließ nur spärlichen "Fahrkomfort" zu.

Von Benz in Gaggenau stammt diese 1920 gebaute Autospritze, die heute der FF Böblingen als Museumsfahrzeug dient. Die Mannschaft saß auf Längsbänken hinter dem "Führerhaus". Die Ausrüstung fand in zahlreichen verschlossenen Geräteräumen Platz, während die Feuerlöschpumpe am Fahrzeugheck im Aufbau untergebracht war. Die Jalousie dürfte nachträglich angebracht worden sein.

Den Stand der Technik in den frühen 20er Jahren repräsentieren diese beiden Kraftspritzen des DFM in Fulda: Den Aufbau des Benz-Gaggenau von 1921 (li.) fertigte die Firma Hermann Koebe aus Luckenwalde, während das rechte Fahrzeug 1922 komplett bei Magirus in Ulm entstand. In Dienst standen die beiden Veteranen bei den FF Fallingbostel bzw. Rehau.

# Von 1920 bis 1934

Trotz der schwerwiegenden Folgen des verlorenen Krieges, der Weltwirtschaftskrise und der fortschreitenden Inflation hatten die Kraftfahrzeuge auch bei den Feuerwehren einen Siegeszug angetreten, der die vollständige Motorisierung der Feuerwehren in den deutschen Großstädten bis zur Mitte der 20er Jahre erlaubte. Innerhalb eines Vierteljahrhunderts hatte die Technisierung damit einen ungeheuren Fortschritt ermöglicht. In dem Maße, wie sich der technische Fortschritt beim allgemeinen Fahrzeugbau bemerkbar machte, hielt er auch

Holz war in den 20er Jahren das gebräuchlichste Material, aus denen Fahrzeugaufbauten gefertigt wurden. Dies trifft auch für die Kraftspritzen dieser Zeit zu. Blech wurde nur sehr sparsam verwendet. Luxuriös waren für die damalige Zeit elektrische Lichtanlagen und Luftbereifung. Damit wurden die Fahrzeuge oft erst später nachgerüstet.

1924 erhielt die FF Bad Kissingen diese Magirus-Autospritze auf einem Fahrgestell vom Typ 2CI. Der Zweitonner mit Kardanwellen-Antrieb verfügte bereits über einen Schaumlöschmittel-Zumischer von Minimax. Aus der Zeit, als die Feuerwehren der Polizei unterstanden, stammt das Pol.-Kennzeichen an der Front, während das seitliche 20-km/h-Schild heute noch Fahrten zu festlichen Anlässen mit eigener Kraft ermöglicht.

Der Ulmer Hersteller Magirus baute Kraftspritzen nicht nur auf Fahrgestellen aus eigenem Hause auf. 1921 entstand diese Autospritze auf einem 2-2,5-t-Fahrgestell der Maschinenfabrik Augsburg-Nürnberg (MAN). Die Augsburger Kammgarn-Spinnerei benutzte das Fahrzeug noch in den 80er Jahren. Die heckseitig eingebaute Feuerlöschpumpe leistete rund 1.000 l/min.

bei den Feuerwehrwagen Einzug. So kristallisierten sich allmählich Linkssteuerung und Mittelschaltung auch hier als Standard heraus. Nach und nach fanden ab Mitte der 20er Jahre Niederdruckreifen, elektrischer Anlasser, elektrische Beleuchtungsanlage, Batteriezündung und ab 1928 auch die Druckluftbremse Eingang bei den Brandschutzfahrzeugen. Ab 1930 setzte sich die Luftbereifung auch bei den Drehleitern endgültig durch, die zuvor noch mit starrer Bereifung ausgeführt worden waren, um die seitliche Neigung bei schräg aufgerichteter Leiter möglichst gering zu halten.

Gemeinsam war fast allen Fahrzeugen eine weitgehend einheitliche Bauform. Der Motor befand sich vorne unter einer Blechhaube, daran anschloß sich die Windschutzscheibe und dahinter die Sitzbank für Fahrer und Beifahrer mit den Bedienungsinstrumenten. Die Sitzbänke für die Mannschaft waren dahinter in Längsrichtung angeordnet. Über den Köpfen der Männer befanden sich Halterungen für Leitern, Einreißhaken und andere sperrige Ausrüstungsgegenstände, während die fest eingebaute Feuerlöschpumpe sich am Fahrzeugheck befand. Vielfach waren seitlich Haspeln für Schläuche montiert, und unter den Trittbrettern befanden sich Stauräume für Armaturen und ähnliches. Mit weiteren Geräteräumen ging man damals noch sehr sparsam um.

Hergestellt wurden die Aufbauten aus Holz, nur teilweise diente Blech zur Verkleidung. Lediglich für Motorhaube, Kotflügel, Trittbretter, Führerhaus-Seiten und ähnliche Teile verwendete man Bleche. Verglichen mit heutigem Standard dürfte eine Fahrt mit einem derartigen Fahrzeug zumindest bei nasser und kalter Witterung alles andere als ein Vergnügen gewesen sein, denn ein Dach besaßen die Fahrzeuge damals noch nicht. Nach landläufiger Meinung sollte die körperliche Leistungsfähigkeit der Feuerwehrmänner durch derartigen Luxus nicht negativ beeinträchtigt werden: Abhärtung wurde

Seit dem 27.4.1925 ist diese Magirus-Autospritze der FF Barmstedt amtlich zugelassen. Auch sie verfügt über eine 1.000 l/min leistende Pumpe am Heck. Die Aufbauform deutet bereits ein richtiges Führerhaus mit zwei Sitzreihen quer zur Fahrtrichtung an. Sogar ein Faltverdeck war schon vorhanden. Um das Lenken zu erleichtern, wurde die Vorderachse nachträglich mit Luftbereifung ausgestattet; hinten blieb es bei Vollgummi-Speichenrädern.

Bei den Drehleitern verzögerte sich die Ausrüstung mit Luftbereifung, weil Vollgummiräder bei seitlicher Ausladung der Leiter geringere Neigung verursachen. Dieser Mercedes-Benz LD 2 hatte ursprünglich auch vorne Vollgummiräder. Dieses Fahrzeug, das zum Bestand des Feuerwehr-Museums Salzbergen gehört und Ende der 20er Jahre gebaut wurde, hat vermutlich bei der Berliner Feuerwehr in Dienst gestanden.

Diese Kraftspritze ist nicht nur in Ulm gebaut, sondern sie ist auch vom Typ "Ulm" und lief, wie könnte es anders sein, bei der Ulmer Feuerwehr. Der Magirus vom Typ 3C wurde 1924 geliefert. Er verfügt schon über Quer-Sitzreihen für die Mannschaft und einen rundum geschlossenen Aufbau. Nur ein Dach und seitliche Scheiben erachtete man damals noch als überflüssig - "Abhärtung" dagegen war gefragt!

Mehr braun als rot ist diese Magirus-Autospritze von 1925, die die FF Engen/Hegau heute noch als Altertümchen pflegt. Das Fahren mit derartigen Wagen wollte gelernt sein: Das Kraftstoff-Luft-Gemisch mußte von Hand eingestellt werden, als "Anlasser" diente eine Kurbel an der Front, und Muskelkraft war beim Lenken allemal von Vorteil. Alles andere als bequem und überdies auch nicht ungefährlich dürften die querliegenden, blank polierten Holzbänke hinten gewesen sein.

Diese Magirus-Kraftfahrdrehleiter KL 25 dient heute der BF München als Ausstellungsstück. Geliefert wurde sie 1923 an die FF Bad Kissingen, wo sie zusammen mit dem Fahrzeug auf Seite 11 unten damals einen modernen Löschzug darstellte. Mit einer Steighöhe von 25 m hatte die Holzleiter, die natürlich auch von Magirus hergestellt wurde, eine beachtliche Größe.

Um die teuren Kraftwagen optimal zu nutzen, wurden auch Drehleitern mit Geräte-Fächern versehen. Bei dieser Magirus-Drehleiter KL 26 baute man Staukästen zwischen die Achsen, die auch als Trittbretter dienen. Das 1927 gebaute Fahrzeug blieb bei der FF Ulm als technikgeschichtlicher Zeuge erhalten.

groß geschrieben. Ein Umdenken in dieser Hinsicht setzte erst Ende der 20er Jahre ein, nachdem harte Winter bei zahlreichen Feuerwehrmännern zu Erfrierungen geführt hatten. Man erkannte bald, daß offene Fahrzeuge eher zum Gegenteil als zum Erhalt der Leistungsfähigkeit beitrugen. Fortan galten geschlossene Kabinen für Fahrer und Mannschaft nicht mehr als verpönt, sondern sie fanden mit Beginn der 30er Jahre langsam Verbreitung.

Auch die Geräte wurden nun überwiegend in kofferartigen Aufbauten gelagert, so daß die Feuerwehrfahrzeuge zu einer grundlegende Bauform gefunden hatten, die im Prinzip bis heute beibehalten wurde.

Die Stadt Fulda beschaffte 1929 diesen Magirus vom Typ 3 CLB als Kraftfahr-Drehleiter KL 26. In den 30er Jahren wurde das Fahrzeug im Zuge der Umorganisation der Feuerwehren dunkelgrün lackiert. Bis zur Ausmusterung 1972 behielt es diese Farbgebung. Wie die daneben stehende DL auf Opel Blitz mit Einheits-Führerhaus aus den 40er Jahren, gehört sie zum DFM in Fulda. Beide Fahrzeuge sind nicht restauriert und befinden sich noch in dem Zustand, in dem sie das Ende ihrer Dienstzeit erlebten.

Die Nationale Automobil AG (NAG), die sich zeitweise auch Neue Automobil AG und ab 1926 NAG-Protos AG nannte, baute 1929 das Fahrgestell (Typ F7DL) für diese Kraftspritze. E. C. Flader in Jöhstadt/Erzgebirge fertigte im Jahr darauf den Aufbau und die Feuerlöschpumpe, die 1.200 l/min leistet. Luftbereifung, Segeltuch-Verdeck und geschlossener Aufbau wirken schon recht modern. Das Fahrzeug gehört heute der BF Frankfurt/M. als Museumsstück.

Ebenfalls von Flader/Jöhstadt stammt der Aufbau für diese Kraftspritze KS 10 auf einem 1,5-t-Fahrgestell von Opel aus dem Jahre 1928. Aus heutiger Sicht ist das Größenverhältnis zwischen Mannschafts- und Geräteraum interessant: Damals war es noch besonders wichtig, viele Helfer zum Einsatzort zu bringen, denn Pkw waren noch selten. Die Ausrüstung dagegen war nicht sehr umfangreich und beanspruchte wenig Raum. - Das Fahrzeug stand bei der FF Burgstädt unweit Chemnitz im Einsatz.

Als Fahrgestelle für Kraftspritzen fanden oft die Chassis-Typen LS 1 von Mercedes-Benz Verwendung. Die FF Zeuthen erhielt dieses Fahrzeug 1928, der Aufbau stammt von Hermann Koebe, Luckenwalde bei Berlin. Die 1.000 l/min leistende Koebe-Pumpe ist im offenen Heck des Fahrzeugs untergebracht.

Gewaltige Ausmaße hat diese Kraftspritze KS vom Typ "Stuttgart" von 1929, die für Berufsfeuerwehren bestimmt war. Fahrgestell (Typ M.M.S.), Aufbau und Feuerlöschpumpe (2.000 l/min bei 100 m Förderhöhe) stammen von Magirus. Für den Antrieb sorgte ein 100 PS starker Maybach-Benzinmotor. Auch dieses sehenswerte Fahrzeug ist erhalten geblieben. Es gehört heute der FF Kornwestheim.

Wie lange sich offene, ungeschützte Mannschaftsräume hielten, zeigt diese Drehleiter der FF Landau/Pfalz: Noch 1934 baute Magirus dieses Fahrzeug ohne geschlossenes Führerhaus. Um die Motorkraft besser ausnutzen zu können, installierte man eine Frontpumpe. Bis zur Auslieferung eines neuen Gelenkmastes im Jahre 1974 blieb das Fahrzeug (Magirus Typ M 30 L) im Einsatz, danach wurde der Veteran betriebsfähig konserviert.

Die einzige wesentliche Änderung ergab sich durch die Einführung der Frontlenker, deren Führerhaus bzw. Mannschaftskabine über den Motorraum gebaut ist, wodurch die Fahrzeuglänge bedeutend geringer gehalten werden kann.

Obwohl erste Versuche, die Vielfalt der Fahrzeuge zu begrenzen und bestimmte Normen im Feuerwehr-Fahrzeugbau einzuführen, auf das Jahr 1919 zurückgehen, blieben die Fahrzeuge handwerklich gefertigte Einzelstücke, die nach Anforderungen und Wünschen der Besteller aufgebaut und ausgerüstet waren; es gab nur ganz wenige Kleinserien. Insgesamt spiegelten die Feuerwehrfahrzeuge in dieser Zeit den allgemeinen Zustand der Feuerwehren wider: Weder Ausrüstung, Ausbildung oder Vorschriften der Feuerwehren waren einheitlich, vielmehr herrschte ein allgemeines Durcheinander ohne verbindliche Regelungen. Man verfuhr, auch bei der Fahrzeugbeschaffung, nach Gutdünken.

Dieser wenig durchorganisierte Zustand lief den Bestrebungen der nationalsozialistischen Machthaber zuwider, die - immer die Vorbereitung des Krieges im Auge - ab 1933 damit begannen, alle Bereiche des öffentlichen Lebens straff zu ordnen und zu zentralisieren. Daß den Kraftfahrzeugen, also auch den Fahrzeugen der Feuerwehren, in dieser Hinsicht besondere Bedeutung zukam, war schon seit dem 1. Weltkrieg hinlänglich bekannt.

In jeder Hinsicht eine Rarität ist diese sogenannte Abprotz-Drehleiter. Der Begriff stammt aus dem militärischen Wortschatz und bedeutet soviel wie abnehmbar. In der Tat läßt sich bei dieser kombinierten Autospritze/Drehleiter die Leiter nach hinten "abprotzen" und von Hand verfahren und aufrichten. Bei dem Fahrgestell handelt es sich um einen Mercedes-Benz Lo 2750. Aufbau und Frontpumpe stellte Koebe/Lukkenwalde 1934 her, die Leiter mit 22 m Steighöhe stammt von Metz. In Dienst stand das Fahrzeug zunächst bei der FF Rendsburg, später bei einer Werkfeuerwehr.

Anachronistische Züge trägt dieses Fahrzeug: Während der Ganzstahl-Leiterpark für die damalige Zeit ganz modern war, wirkt das offene Führerhaus antiquiert. Dieser Mercedes-Benz vom Typ LoS 3000 wurde 1935 an die Werkfeuerwehr Fichtel & Sachs in Schweinfurt geliefert. Aufgebaut wurde die DL 25 von Metz/Karlsruhe, neben Magirus auch heute noch der bekannteste Hersteller von Drehleitern. Bis weit in die 80er Jahre war das Fahrzeug im Einsatz, ehe es als Museumsfahrzeug zum DFM gelangte.

Abgesehen vom Faltdach hat dieser Magirus vom Typ M 25 bereits Ähnlichkeit mit den späteren, vom Reichsluftfahrtministerium entworfenen Einheitsfahrzeugen. Geliefert wurde die KS 15 mit Magirus-Aufbau 1935 an die FF Stein bei Nürnberg; die BF München erhält sie seit einigen Jahren in ihrem Museumsbestand.

Für Einsätze in der engen historischen Altstadt von Dinkelsbühl war diese Kraftspritze mit einfachem Metz-Aufbau jahrzehntelang unentbehrlich. Das Mercedes-Benz-Fahrgestell vom Typ LS 1 stammt von 1929. Der Vergasermotor vom Typ M 16 leistet 50 PS bei 1.800 U/min; die Pumpenleistung liegt bei 1.000 l/min.

Bis 1958 stand diese Kraftspritze der FF Regenstauf im Einsatz, die von Magirus geliefert und am 1.9.1932 in Dienst gestellt wurde. Die Frontpumpe leistet 1.200 l/min, das Fahrgestell ist vom Typ M 15 S.

Nicht alle Feuerwehren konnten es sich leisten, fabrikneue Fahrzeuge zu kaufen. Oft tat es auch ein Umbau aus einem normalen Lkw, wie diese Spritze der FF Apen in Oldenburg zeigt. Das Chassis vom Typ Opel Blitz 3,5-57-25 stammt von 1935, der Aufbau trägt charakteristische Merkmale aus den 20er Jahren. Am Heck eingeschoben ist eine Tragkraftspritze. Wann das Fahrzeug umgebaut wurde und wer den Umbau vorgenommen hat, ist nicht bekannt.

Die FF Celle stellte 1930 diese Drehleiter mit 20 m Steighöhe in Dienst (Fahrgestell Magirus Typ M 20). Da die niedersächsische Stadt über einen großen Innenstadtbereich mit Fachwerkhäusern und engen Straßen verfügt, waren dort schon immer kompakte und wendige Feuerwehrfahrzeuge besonders gefragt.

Auch in den 30er Jahren war Holz als Baumaterial für den Leiterpark noch gängig, wie diese Magirus-Holzleiter von 1934 zeigt, die an die FF Cloppenburg ausgeliefert wurde. Das Magirus-Fahrgestell ist vom Typ M 25.

Da dieses Fahrgestell erst 1939 gebaut wurde, gehört das Fahrzeug streng genommen erst in das nächste Kapitel. Da es sich aber um den Aufbau einer Leiter von 1907 handelt, soll es hier stellvertretend für viele ähnliche "Modernisierungen" stehen. Daten: Magirus M 27 A, DL 22/Magirus, FF Rosenheim.

# Hersteller

Während die Produktion von Aufbauten für Feuerwehrfahrzeuge in Deutschland heute auf einige wenige Hersteller konzentriert ist, gab es früher eine große Zahl von Betrieben, die auf diesem Spezialgebiet tätig waren. Dabei fertigten sie zumeist nicht nur die Fahrzeugaufbauten, sondern oft auch die zugehörigen Ausrüstungsgegenstände wie Leitern, Pumpen, Armaturen, Schläuche und vieles mehr.

Zu den bekanntesten Herstellern zählen Carl Metz, Karlsruhe (1842), Conrad Dietrich Magirus, Ulm/Donau (1864), August Hoenig, Köln-Nippes (1832), Hermann Koebe, Lukkenwalde, G. A. Fischer, Görlitz (1864), E. C. Flader, Jöhstadt (1878), J. G. Lieb, Biberach (1872), Gebrüder Kieslich, Patschkau/Schlesien (1868) und die Nürnberger Feuerlöschgeräte- und Maschinenfabrik, vormals Justus Christian Braun AG, Nürnberg (1846), aus der später die Fahrzeugfabrik FAUN hervorging.

Magirus und Metz gehören heute noch zu den führenden Herstellern in der Welt, aber auch Koebe/Luckenwalde und Fischer/Görlitz, die während der DDR-Zeit zu volkseigenen Betrieben umgewandelt worden waren, existieren und produzieren noch, wenn auch heute unter neuen Firmennamen.

Nach dem Zweiten Weltkrieg beteiligten sich auch die Firmen Gebrüder Bachert Kochendorf, Albert Ziegler, Giengen/Brenz, Meyer-Hagen und Schlingmann an der Herstellung von Feuerwehrfahrzeugen. Während Bachert in den 80er Jahren in Konkurs ging, sind Ziegler und Schlingmann weiterhin im Geschäft; Meyer-Hagen zog sich aus dem Feuerwehr-Sektor zurück. Nach dem umrühmlichen Ende der Firma Bachert entstand in Bad Friedrichshall, wo Bachert sein Hauptwerk hatte, ein neues Unternehmen mit dem Namen "Geisselmann Feuerwehr-Technik GmbH" (GFT), das die dortige Tradition im Bau von Feuerwehrfahrzeugen fortsetzt. Mehr oder weniger regionale Bedeutung, teilweise auch zeitlich begrenzt, erlangten nach 1945 die Firmen Graaff/Elze, Buschmann / Hoya - Nienburg, Bierstedt/Hannover, Glasenapp Berlin, Arve/Springe, Heines/Wuppertal-Gruiten, Meisner/Rendsburg und Miesen/Bonn (als Hersteller von Rettungswagen u. a. sehr bekannt).

Als Spezialisten für bestimmte Fahrzeugarten gelten heute Total/Ladenburg (Pulverlöschfahrzeuge TroLF) und Schmitz/Wilnsdorf (Gefahrgut-Gerätewagen).

Ansonsten gibt es natürlich eine unübersehbare Herstellerzahl für alle möglichen Sonderfahrzeuge, die auch auf dem "zivilen" Markt von Bedeutung sind, z. B. Wechselaufbau-Fahrzeuge (Meiller, Reiko/Feka, Marrell, Teha), Krane (Liebherr, Krupp, früher auch Gottwald und die Maschinenfabrik Langenfeld) und vieles mehr.

Aufbauten ausländischer Hersteller sind in Deutschland naturgemäß selten. Eine Ausnahme bildet nur die renommierte österreichische Firma Rosenbauer, die sich einen festen Platz bei den Sonderlösch- und Flughafen-Löschfahrzeugen erkämpfen konnte. Bei der zuletzt genannten Fahrzeugart sind auch Produkte von Kronenburg (Niederlande) und Sides (Frankreich) in der Bundesrepublik vertreten.

Weitestgehend im Originalzustand befindet sich diese Kraftspritze von 1932 auch noch nach über 60 Jahren. Der Mercedes-Benz LS 2000 mit Aufbau von Metz ist mit einem Sechszylinder-Reihenmotor (Typ M 32) ausgerüstet, der 55 PS bei 2.000 U/min leistet. Die heckseitige Metz-Pumpe fördert 1.200 l/min. Geliefert wurde das Fahrzeug an die FF Baiersdorf, die es auch heute noch pflegt.

Dieser Opel von 1928 hat einen Aufbau des renommierten Feuerwehr-Ausrüsters August Hoenig, Köln-Nippes, von dem auch die rund 800 l/min leistende Frontpumpe stammt. Bei der FF Merkstein wird das Fahrzeug heute erhalten.

Wie lange sich längst überholte Bauformen trotz der aufkommenden, modern konzipierten Einheitsfahrzeuge halten konnten, zeigt dieses Fahrzeug: Noch 1938, als diese Kraftspritze KS 15 mit Metz-Aufbau (Mercedes-Fahrgestell LoS 2000) bei der FF Gaggenau in Dienst gestellt wurde, verwendete man offene Aufbauten.

Nur Vermutungen kann der Verfasser über diese Kraftspritze KS 8 von 1938 anstellen, die der FF Graupa gehört. Für das relativ seltene Mercedes-Fahrgestell vom Typ L 2000 l (l = leicht) dürfte Flader/Jöhstadt den Aufbau hergestellt haben.

Diese alte Drehleiter nennt die BF Oldenburg ihr Eigen. In den 80er Jahren wurde der Mercedes L 2000 von 1937 gründlich renoviert. Die auf dem Fahrgestell montierte Holzleiter (20 m Steighöhe) ist wesentlich älter als das Fahrgestell. Die Konstruktion des Drehstuhls bedingt eine große Fahrzeughöhe.

Eine weitere KS 8 zeigt diese Aufnahme. Flader zeichnet hier für Aufbau und Feuerlöschpumpe verantwortlich. Das Fahrzeug wurde 1938 gebaut und fällt sowohl wegen seiner Aufbauform wie auch wegen des Fahrgestells (Opel Blitz 1,5 t) aus dem Rahmen.

# Von 1934 bis 1945

Bereits 1933 wurden die Berufsfeuerwehren in Preußen durch das "Gesetz über das Feuerlöschwesen" den Polizeiorganisationen untergeordnet. Künftig wurde der Begriff Feuerlöschpolizei verwendet. Ab 1938 galt dann das Reichsfeuerlöschgesetz, das auch die Feuerwehren in den übrigen Ländern des Reiches in Polizeieinheiten, dem Reichsinnenministerium unterstellt, überführte und den neuen Begriff Feuerschutzpolizei einführte. Mitglieder von Freiwilligen Feuerwehren, Werks- und Pflichtfeuerwehren erhielten dabei den Rang von Hilfspolizeitruppen.

Daneben fielen aber auch dem Reichsluftfahrtministerium (RLM) im Rahmen des zivilen Luftschutzes Brandschutzaufgaben zu. Da beide Ministerien eigene Fahrzeugtypen entwikkeln ließen, wurde - gegenteiligen Beteuerungen der betroffenen Verantwortlichen zum Trotz - eine vollständige Vereinheitlichung der Feuerwehrfahrzeuge vereitelt.

Schon 1934 begann das RLM damit, Prototypen für eine einheitliche Kraftfahrspritze mit der Bezeichnung KS 15 bauen zu lassen. Die nachgestellten Ziffern hinter dem Kürzel KS dienen als Hinweis auf die Nennleistung der Feuerlöschpumpe, die 1.500 l/min bei 8 bar betrug; bei den Drehleitern DL geben die Ziffern die Steighöhe in Metern an (siehe auch Seite 44). In größerer Zahl folgten ab 1936 die schwereren KS 25 (nach dem Baumuster von 1936 auch KS 25/36 genannt) und Kraftfahrdrehleitern KL 26 sowie als Einzelgänger einige KL 46. Ab 1937 wurden dann für kleine Einheiten sogenannte Kraftzugspritzen KzS 8 beschafft, relativ einfache Fahrzeuge mit zunächst wieder offenen, später teilweise geschlossenen und mit Segeltuchverdecken versehenen Aufbauten, die in erster Linie dem Mannschaftstransport dienen sollten; mitgeführt wurde ein Tragkraftspritzenanhänger TSA anstelle einer fest eingebauten Pumpe.

Für die Fliegerhorstfeuerwehren beschaffte das RLM schließlich ab 1936 hunderte von Tankspritzen Ts mit Wasservorräten in verschiedenen Größenordnungen, die als Vorläufer der heutigen Tanklösch-

Während die Baurichtlinien des RMdI erst ab 1940 gültig wurden, beschafften viele kommunale Feuerwehren Fahrzeuge, die den Normentwürfen des RLM weitgehend entsprachen. Zu dieser Kategorie zählt auch diese Kraftfahrspritze KS 15 der FF Hockenheim, Baujahr 1936. Das Fahrgestell stammt von Mercedes-Benz (LoS 2750), der Aufbau von Metz. Die Frontpumpe wurde nach einem Defekt entfernt.

Von den Vereinheitlichungsbestrebungen noch unberührt ist diese KS 15 der FF Lichtenfels, Löschgruppe Sachsenberg. Magirus lieferte das Fahrzeug 1934, es blieb bis weit in die 80er Jahre im Einsatz. Das Fahrgestell ist vom Typ M 25 S.

fahrzeuge gelten können. Aus den 1934 gebauten Prototypen der KS 15 entstand schließlich die Fliegerkraftspritze FlKS 15, die für die Luftwaffe in großen Stückzahlen beschafft wurde. Die Planungen sahen zwar für die Zukunft zum Transport und zum Verlegen von längeren Schlauchleitungen auch sogenannte Schlauchtender vor, diese kamen jedoch über das Versuchsstadium nicht hinaus, weil durch den Krieg andere Prioritäten gesetzt wurden.

Die Einheiten der kommunalen Feuerwehren (ab 1938 Feuerschutzpolizei) erhielten zunächst keine neuen, nach eigenen Richtlinien gebauten Fahrzeuge. Es gab zwar ab 1937 eine Vornorm für Fahrzeugneubeschaffungen, diese war jedoch nicht verbindlich.

Die meisten Fachleute neigten dazu, sich bei der Bestellung neuer Fahrzeuge an den Konstruktionen des RLM zu orientieren. Sie nutzten jedoch auch weiterhin bestehende Freiräume bei der Gestaltung und der Ausrüstung ihrer Fahrzeuge, so daß es häufig auch Abweichungen von den einheitlichen Richtlinien anläßlich von Neubestellungen gab.

Einschneidende Veränderungen brachte schließlich der 1939 in Kraft tretende sogenannte Schell-Plan (nach Oberst von Schell, dem Generalbevollmächtigten für das Kraftfahrwesen benannt). Danach war den Herstellern nur die Produktion von vier Klassen mit 1,5 t, 3 t, 4,5 t und 6 t Nutzlast erlaubt, um im Hinblick auf den Krieg eine weitgehende rationelle Fertigung einheitlicher Fahrzeugtypen zu erreichen.

Eine Rarität ist diese KS 15 (Aufbau Flader/Jöhstadt) auf einem Fahrgestell von Büssing-NAG vom Typ Burglöwe 350. Sie wurde etwa 1935 an die FF Frankenberg/Sachsen geliefert und gelangte schon vor der Vereinigung der beiden deutschen Staaten zu einem Sammler im Ruhrgebiet. Der V8-Motor leistet 90 PS bei knapp 8 Litern Hubraum.

Zu den Beschaffungen des RLM gehörte diese KS 15 von Magirus (Fahrgestell Typ M 27), Baujahr 1938. Ursprünglich wurden die zumeist schon grün lackierten Fahrzeuge KS 1 genannt. Die KS gelangte zur FF Oberndorf am Neckar, wo sie auch nach dem 2. Weltkrieg bis zur Ausmusterung 1978 in der originalen Lackierung Dienst tat.

Diese DL 25 auf einem Mercedes-Benz-Fahrgestell vom Typ L 3000 entspricht in ihrer Ausführung schon der späteren SDL, entstand jedoch schon vor Inkrafttreten der Richtlinien des RMdI. Das 1939 gebaute Fahrzeug gehört der FF Donaueschingen.

Entscheidend für die Vereinheitlichung der Feuerwehrfahrzeuge war dann eine weitere Typenbegrenzung des Reichsinnenministeriums von 1940, die diesmal die Feuerwehrfahrzeuge direkt betraf. Danach waren für diese Fahrzeuge ausschließlich Fahrgestelle mit 1,5 t, 3 t und 4,5 t Nutzlast zulässig. Bereits wenig später wurden Anordnungen über den Bau solcher Fahrzeuge erlassen, die die Aufbauten standardisierten und einheitliche Ausrüstungen vorsahen. Bis 1943 gelang es, Typenhefte mit "Anordnungen über den Bau von Feuerwehrfahrzeugen" für je drei Größenordnungen von Löschgruppenfahrzeugen und Drehleitern sowie je zwei Klassen von Tanklöschfahrzeugen und Schlauchwagen zu erlassen.

| Beschaffung für | 1934 bis 1940 | 1940 bis 1943 | Bezeichnungen ab 1.4.1943 |
|---|---|---|---|
| Reichsluftfahrtministerium | KzS 8<br>KS 15<br>KS 25<br>KL 26<br>Schlauchkraftwagen 4,5 | KS 8<br>KS 25<br>KL 22, KL 26<br>TLF 15 (ab 1943) | LF 8<br>LF 15<br>LF 25<br>DL 22, DL 26<br>S 4,5<br>TLF 15 |
| Fliegerhorst-Feuerwehren | FIKS 15<br>Ts 2,5<br>Schlauchtender | FIKS 15<br>Ts 2,5<br>Ts 0,8 | LF 15<br>TLF 25<br>TLF 8 |
| Kommunale Feuerwehren und Feuerschutzpolizei (nach Richtlinien des Reichsinnenministeriums) | | LLG<br>SLG<br>GLG<br>LDL<br>SDL<br>GDL<br>SSK<br>GSK | LF 8<br>LF 15<br>LF 25<br>DL 17<br>DL 22<br>DL 32<br>S 3,0<br>S 4,5 |

Fahrzeug-Beschaffungen für den Zeitraum von 1934 bis 1945

Als Grundlage dienten die Vorarbeiten des Reichsluftfahrtministeriums und die Grundzüge der dort erstellten Normentwürfe. Einen Überblick über die ab 1934 beschafften einheitlichen Fahrzeuge gibt die obenstehende Tabelle.

Koebe in Luckenwalde produzierte 1939 eine Serie solcher KS 15, wahlweise mit oder ohne Frontpumpe, auf 3-t-Fahrgestellen von Opel. Sie waren bestimmt für die Feuerlöschpolizei. Neben Wernigerode erhielten u.a. auch Nordenham, Velbert, Saßnitz und Herford-Hiddenhausen solche Fahrzeuge, die in grüner Lackierung geliefert wurden.

Dieser Opel Blitz 1,5 t von 1937 mit Aufbau von Bachem/Düren lief bei der FF Düren als Kraftspritzengruppe (früher Halblöschzug). Es war also möglich, die Vereinheitlichungsbestrebungen zu umgehen.

In einer kleinen Serie baute Magirus von 1933 bis 1937 auf einem 1-t-Fahrgestell (Typ M 10) Fahrzeuge wie dieses. Verschiedene Ausrüstungen als Mannschaftswagen, Mannschafts- und Gerätewagen, Spritze oder DL waren möglich. Das abgebildete Fahrzeug der FF Hoheneggelsen, Baujahr 1935, diente als Mannschafts- und Gerätewagen und transportiert eine TS im Heck.

Diese KS 15 ähnelt vom Aufbau her den KS 25 des RLM, Baumuster 1936. Der Mercedes-Benz vom Typ LS 3000 mit Metz-Aufbau wurde 1940 an die FF Wasserburg/Inn geliefert. Nach dem 2. Weltkrieg lief der Wagen auch bei den FF Stockdorf/Gauting und Gatterberg/St. Wolfgang. Seit 1981 dient er in Wasserburg als Museumsstück.

Bei den Beschaffungen für die kommunalen Feuerwehren bzw. die Feuerschutzpolizei wählte man die Bezeichnungen der Fahrzeuge in Anlehnung an militärische Begriffe und sprach von Leichten (L), Schweren (S) bzw. Großen (G) Löschgruppenfahrzeugen, Drehleitern und Schlauchwagen (bei letzteren war keine leichte Bauart vorgesehen).

Ab 1943 wurde dann ein neues Schema eingeführt, das nicht nur neue Bezeichnungen für die Fahrzeuge mit sich brachte, sondern auch Ziffern in den Abkürzungen enthielt, die Rückschlüsse auf die Pumpenleistung (bei LF und TLF), die Steighöhe (bei Drehleitern) und die Schlauchvorräte (bei Schlauchwagen) zuläßt. Dieses Schema, das auf Seite 44 näher erläutert ist, gilt in seinen Grundzügen auch heute noch für die Bezeichnung von Feuerwehrfahrzeugen, wurde jedoch neuzeitlichen Erfordernissen angepaßt und erheblich erweitert.

Zu Beginn des Krieges war die Zahl der Fahrgestellhersteller, die für Aufbauten von Feuerwehrfahrzeugen in Frage kamen, auf Klöckner-Humboldt-Deutz (KHD, firmierte zeitweise auch unter Klöckner-Deutz) und Daimler-Benz beschränkt worden.

Ab 1943 wurde zusätzlich auch noch das 3-t-Fahrgestell von Opel zugelassen, das in den letzten Kriegsjahren von Mercedes in Lizenz produziert werden mußte. Die Kapazitäten der deutschen Lkw-Hersteller reichten allerdings für den riesigen Fahrzeugbedarf (insbesondere der Wehrmacht) nicht aus.

Wo Nutzfahrzeuge hergestellt wurden, beschaffen die örtlichen Feuerwehren natürlich auch Fahrzeuge ihrer "Hausmarke". Das trifft für Braunschweig (Büssing) ebenso zu wie für Kassel (Henschel) oder Essen (Krupp). Anderenorts blieben Fahrgestelle dieser Hersteller selten. Diese Metz-Drehleiter mit 27 m Steighöhe auf einem Fahrgestell von Büssing-NAG (Typ 500) wurde 1938 für die BF Braunschweig geliefert und existiert heute noch bei einem Sammler.

Zwar ähnelt auch dieses große Fahrzeug der KS 25, doch handelt es sich auch hier um eine KS 15. Der Mercedes-Benz vom Typ LoS 3750 mit Aufbau von Metz wurde 1938 gebaut. Er dient heute der FF Tiengen als Museumsfahrzeug.

Hansa-Lloyd-Fahrgestelle wurden bei Magirus in Ulm zum Aufbau von Kraftspritzen KS 15 benutzt, die den Richtlinien des RLM entsprachen; sie trugen die Fahrgestellbezeichnung Magirus LK. Abgebildet ist eine solche Kraftspritze von 1939 der FF Münchberg. Der Name Hansa-Lloyd verschwand ab 1938 mit der Übernahme des Betriebes durch Borgward.

Für den Luftschutz (RLM) bestimmt waren die einheitlichen, in großen Stückzahlen beschafften Kraftzugspritzen KzS 8. Anfangs wurden sie mit offenem Führerhaus geliefert. Als Wetterschutz diente ein Segeltuchdach. Als Fahrgestelle wurden 1- und 1,5-Tonner Opel sowie der abgebildete Mercedes Benz L 1500 verwendet. Das abgebildete Fahrzeug von 1939 hat einen Metz-Aufbau und führt den passenden TSA mit. Es war ursprünglich auf Borkum stationiert und gehört heute einem Sammler.

Deshalb wurden auch Feuerwehrfahrzeuge auf ausländischen Fahrgestellen, zum Beispiel von Steyr und Praga, aufgebaut. Insgesamt wurde eine völlige Vereinheitlichung nicht erreicht, nicht zuletzt wegen der Mehrgleisigkeit der Beschaffung und der undurchsichtigen Kompetenzverteilung zwischen RLM und RMdI.

Durch die fortschreitenden Einflüsse des Krieges. insbesondere die knappen Rohstoffe und die zunehmenden Zerstörungen von Produktionsanlagen, wurden die strengen Richtlinien für den Bau von Feuerwehrfahrzeugen in den letzten Kriegsjahren mehr und mehr verwässert. So wurden die Fahrzeuge weitgehend entfeinert und mit Aufbauten aus Hartfaserplatten und Preßpappe versehen.

Da die leichten 1,5-t-Fahrgestelle von Mercedes-Benz nicht mehr produziert wurden, kamen für die LF 8 nur noch 3-t-Fahrgestelle von Opel in Betracht. Immer stärker in den Vordergrund rückte angesichts des Bombenkrieges im eigenen Land die Produktion von Tanklöschfahrzeugen, die in den zerstörten deutschen Städten dringend benötigt wurden.

Als Vorläufer der SDL kann dieser DL-Typ angesehen werden. Die Magirus-Leiter wurde auf ein Magirus-Fahrgestell vom Typ M 30 aufgebaut. Das abgebildete Fahrzeug lief bis in die 80er Jahre bei der FF Celle.

Auch das gab es: Altbrauchbare Fahrgestelle wurden mit einfachsten Mitteln für die Zwecke der Feuerwehren umgebaut. Dieses Fahrzeug lief als Schaummittel-Transporter bei der Werkfeuerwehr der Raffinerie Deurag-Nerag in Hannover-Misburg, ehe es als "Jux-Auto" zu einer FF verschlagen wurde. Bei dem Fahrgestell handelt es sich um einen Opel Blitz 2,5t von 1934.

Entsprach dem Normentwurf des RLM, war aber für kommunale Feuerwehren bestimmt: Mercedes-Benz LoD 3500, KL 26, Metz-Aufbau, Baujahr 1935. Dieses Fahrzeug stand bis in die 80er Jahre bei einer Werkfeuerwehr im Einsatz. In zeitgenössischen Prospekten wird dieser KL-Typ als zum Einheits-Löschzug gehörig bezeichnet.

Der endgültigen Norm des RLM entsprach diese KL 26 der FF Weiden/Opf. auf einem Mercedes-Benz LD 3750 von 1940. Sie gehört vermutlich zu den letzten beschafften Fahrzeugen dieser Art, denn die 1940 erlassene Typenbeschränkung des RMdI (Schell-Plan) sah diesen 3,75-Tonner nicht mehr vor.

In großen Stückzahlen wurden als Nachfolger der kleineren Kraftfahrspritzen ab 1940 die einheitlichen Leichten Löschgruppenfahrzeuge LLG für die dem RMdI unterstellten Feuerwehreinheiten beschafft. Dieses LLG mit Magirus-Aufbau auf einem Fahrgestell vom Typ Mercedes-Benz L 1500 gehört zum Baulos 1940/41. Bei späteren Serien wurde das verstärkte Fahrgestell L 1500 S verwendet. Normalerweise wurde ein TSA mitgeführt; Varianten mit Frontpumpe blieben selten. Das Fahrzeug stammt von der FF Mölln.

Nach Schätzungen wurden ca. 3.850 solcher LLG, weitaus überwiegend auf dem L 1500 S-Fahrgestell von Mercedes-Benz, beschafft. Exponat des DFM ist heute dieses Fahrzeug unbekannter Herkunft mit Aufbau von Mercedes/Sindelfingen von 1943. Die Restaurierung erfolgte durch die BF Koblenz. Den angehängten TSA baute Magirus 1943. Aufbauten für LLG fertigten auch Magirus, Koebe, Flader und Nowak/Bautzen.

Bei diesem SLG vom Typ Klöckner-Deutz FS 330 handelt es sich ebenfalls um ein RMdI-Fahrzeug für die Feuerschutzpolizeien, weshalb es auch früher grün lackiert war. Den Aufbau stellte Magirus 1941 her. Im Einsatz stand der Wagen bei der FF Zeven, heute gehört er dem dortigen Feuerwehrmuseum.

Diese LDL, später DL 17 genannt, blieb bei der Niedersächsischen Landesfeuerwehrschule in Loy erhalten. Metz stellte den Aufbau auf einem Mercedes-Benz L 1500 S im Jahre 1943 her.

Die mächtigen KS 25 wurden 1938/40 auch auf dem Magirus-Fahrgestell FS 145 entsprechend dem RLM-Baumuster von 1936 beschafft; auch die Aufbauten stammten von Magirus. Noch in den 80er Jahren stand dieses schwere, bestens gepflegte Fahrzeug, das ursprünglich vermutlich bei einer Feuerschutzpolizei im Einsatz war, bei der WF einer Augsburger Spinnerei in Diensten.

Diese DL 22 (neue Bezeichnung ab 1943) wurde durch das RLM beschafft und gelangte nach Ende des 2. Weltkriegs zur FF Marktredwitz. Den Aufbau stellte Magirus 1943 auf einem Mercedes-Benz-Chassis vom Typ L 4500 F her. Die Sitzbank an der Führerhaus-Rückwand war serienmäßig, die zweite "Gartenbank" wurde nachträglich installiert.

In großen Stückzahlen wurde das Schwere Löschgruppenfahrzeug SLG, ab 1943 LF 15 genannt, auf dem Mercedes-Benz-Fahrgestell L 3000 F gebaut. Die meisten solcher SLG hatten, wie dieses, einen Aufbau von Mercedes/Sindelfingen, es gab aber auch Exemplare von Magirus, Metz und Meyer-Hagen. Das abgebildete Fahrzeug von 1942 gehört dem Werksmuseum der Mercedes-Benz AG und ist in der ursprünglichen grünen Lackierung der Feuerschutzpolizei (mit schwarzen Kotflügeln) gehalten.

Eine weitere Raritäten ist diese KS 25 auf einem MAN-Fahrgestell vom Typ D 1. Die Firma G. A. Fischer in Görlitz stellte 1936 den Aufbau her. Es dürfte sich um eine vom RLM für einen Flughafen beschaffte KS handeln, die dem Baumuster von 1936 entspricht. Das Fahrzeug existiert noch heute bei einer Feuerwehr in Sachsen.

Während zahlreiche Magirus-Drehleitern DL 22 für den Luftschutz auf 4,5-t-Fahrgestelle von Mercedes-Benz aufgebaut wurden, gab es auf den entsprechenden Klöckner-Deutz-Fahrgestellen nur wenige Exemplare. Wahrscheinlich handelt es sich bei diesem Fahrzeug der FF Westensee um eine solche DL. Ob sie mit großem Führerhaus - eine Truppkabine war normal - geliefert oder nachträglich umgebaut wurde, ist unbekannt. Dem Vernehmen nach lief die DL früher in Berlin und in Eutin.

Eine KS 25, später LF 25, beschafft vom RLM, ebenfalls auf einem Klöckner-Deutz-Fahrgestell GS 145, später S 4500, (Baujahr 1942). Nur rund 500 dieser Fahrgestelle, die dem Schell-Plan entsprachen, wurden mit Feuerwehr-Aufbauten versehen. Dieses KS von 1942 mit Magirus-Aufbau tat nach dem Krieg in Lauf bei Nürnberg Dienst.

Eine ungewöhnliche Kombination weist diese Drehleiter KL 26 auf: Während normalerweise auf den Magirus-Fahrgestellen vom Typ FL 145 Magirus-Leitern montiert wurden, stammt dieser Aufbau von Metz. Das mächtige Fahrzeug von 1940 blieb nach dem Krieg in Österreich (BF Salzburg) und wurde in den 80er Jahren von einem Sammler erworben.

Dieses Fahrzeug entspricht dem vom RLM festgelegten Baumuster für die KS 25 von 1936 (KS 25/36). Das Fahrzeug mit einem Fahrgestell von Mercedes-Benz (Typ LS 3750) baute Metz 1937. Es verblieb nach dem Krieg in der DDR und leistete u.a. bei der FF Bad Düben Dienst. Im Hintergrund der Meißener Dom mit der Albrechtsburg.

Der KS 25 des RLM sehr ähnlich ist dieses Große Löschgruppenfahrzeug GLG, ein Einheitsfahrzeug für die Feuerschutzpolizei. Hauptsächlich der mitgeführte Wasservorrat unterscheidet KS 25 und GLG: Während das GLG über 1.500 l verfügt, faßt der Tank der KS 25 lediglich 300 l. Den Aufbau für dieses Fahrzeug (Fahrgestell Mercedes L 4500 F) fertigte Magirus 1942. Es wurde an das Oberkommando der Heeres (OKH) ausgeliefert, lief nach dem Krieg bei der BF Augsburg und kam schließlich zu einer Werkfeuerwehr.

In den Originalzustand versetze die BF München eines ihrer Museumsfahrzeuge. So muß die KS 25 (Fahrgestell Magirus FS 145, KS 25/Magirus-Aufbau) bei ihrer Ablieferung 1940 ausgesehen haben. Der wassergekühlte 6-Zylinder-Deutz-Motor (Typ F6M516) des selbstverständlich betriebsfähigen Museumsfahrzeuges leistet 125 PS.

Eine imposante Erscheinung ist die KL 26 der FF Datteln (Magirus-Fahrgestell FL 145), die mit dem selben Motortyp ausgerüstet ist wie vorstehende KS 25. Dieses Fahrzeug entspricht der KL 26 auf Seite 37 unten, unterscheidet sich aber durch den Aufbau-Hersteller. Für diese Leiter zeichnet Magirus verantwortlich.

Bei Freiwilligen Feuerwehren waren einfache, von Hand betriebene Drehleitern mit 17 m Steighöhe beliebt und verbreitet. Magirus hat den Aufbau dieses Fahrzeugs (Opel 1,5 t) 1939 hergestellt; das Fahrzeug gehört der FF Celle und entspricht bereits den späteren Leichten Drehleitern LDL einheitlicher Bauart. Dieses Fahrgestell war ab 1940 wegen der Typenbereinigung nicht mehr zugelassen.

Noch einmal eine KL 26 auf einem Mercedes-Benz-Fahrgestell LoD 3750 von 1938. Der Aufbau stammt von Metz, ebenso die Frontpumpe, die dem Fahrzeug ein wuchtiges Aussehen verleiht. Zwar erwies sich der Betrieb einer Pumpe an der DL als nützlich, die Fahreigenschaften wurden durch das hohe Gewicht auf der Vorderachse aber negativ beeinträchtigt.

Auf das leichte Mercedes-Benz-Fahrgestell vom Typ L 1500 baute Metz 1939 eine Drehleiter mit 17 m Steighöhe. Das Fahrzeug kann als Vorläufer der auf Seite 34 unten abgebildeten LDL angesehen werden, zumal Mercedes Anfang der 40er Jahre das Fahrgestell L 1500 gemäß den Anforderungen des Schell-Plans überarbeitete und anschließend L 1500 S nannte. Das abgebildete Fahrzeug war bei der FF Kalkar am Niederrhein im Einsatz.

Sowohl für den Luftschutz des RLM als auch für Beschaffungen nach den RMdI-Richtlinien waren Schlauchwagen vorgesehen (Schlauchkw. 4,5 bzw. SSK und GSK, ab 1943 S 3 und S 4,5). Die meisten Fahrzeuge dieser Art waren für den Luftschutz bestimmt. Die FF Neu-Ulm ließ ein solches Fahrzeug der 4,5-t-Klasse (Mercedes-Benz L 4500 F) 1950 mit neuem Aufbau der Fa. Saumweber versehen, der dem ursprünglichen GSK-Aufbau ähnlich ist.

Als Schwerer Schlauchkraftwagen SSK, ab 1943 S 3,0, wurde dieses Fahrzeug im Einheitsprogramm des RMdI bezeichnet. Das Fahrgestell vom Typ S 3000 stammt von Klöckner-Deutz, den Aufbau fertigte Magirus 1943. Das Fahrzeug kam später zur BF Offenbach und erhielt die rot-weiße Lackierung. Ursprünglich wird die Farbgebung dunkelgrün, eventuell auch mattgrau gewesen sein. Der Luftkrieg machte solche Tarnmaßnahmen unumgänglich. Häufig wurden ab Ende 1943 auch Fahrzeuge dunkelgelb lackiert.

Für die Feuerwehren auf den Luftwaffen-Fliegerhorsten beschaffte das RLM ab 1936 zahlreiche Tankspritzen Ts 2,5, die 2.500 l Wasser mit sich führten und ab 1943 als TLF 25 bezeichnet wurden. Verwendet wurden Fahrgestelle von Mercedes-Benz (L 4500 A), dreiachsige Büssing-NAG und von Henschel Dreiachs-Fahrgestelle der 4,5-t-Klasse. Letztere baute die Fa. Magirus, die auch die Aufbauten hierfür herstellte, teilweise in Lizenz. Das abgebildete Fahrzeug gehörte in den 70er Jahren der Fa. Henschel bzw. Hanomag-Henschel. Nach der Übernahme durch Daimler-Benz soll es zu einem Sammler gekommen sein.

Der Verlauf des Krieges ließ Rohstoffe immer knapper werden, so daß alle Fahrzeuge mehr und mehr "entfeinert"wurden: Alle überflüssigen Teile wie etwa Stoßstangen und hintere Kotflügel fielen weg, anstelle der mit Blech beplankten Holzaufbauten traten kantige, einfachere Aufbauten aus Preßpappe oder Hartfaserplatten. Da die Produktion leichterer Mercedes-Fahrgestelle (L 1500 S, L 3000) eingestellt worden war und andere leichte und mittelschwere Fahrgestelle auch nicht zur Verfügung standen, benutzte man für LF 8 und LF 15 den Dreitonner Blitz von Opel, der auch bei Mercedes Benz als L 701 in Lizenz gebaut werden mußte. Ein derart vereinfachtes LF 15 von 1944 zeigt die Abbildung. Der Aufbau stammt von Magirus, das Opel-Fahrgestell ist vom Typ 3,6t-36.

Auch dieses Fahrzeug war für eine Fliegerhorst-Feuerwehr bestimmt: Die Flieger-Kraftspritze FIKS 15, ab 1943 LF 15 genannt, wurde bei Magirus 1943 hergestellt (Fahrgestell Klöckner-Deutz S 3000). Bei der FF Markt Erkheim kam sie schließlich nach dem Krieg zum Einsatz. Die Schriftzüge an der Front wurden, ebenso wie das Magirus-Symbol, nachträglich angebracht.

Wie viele Fahrzeugen aus den 30er und 40er Jahren, so wirft auch dieser Mercedes-Benz L 3000 Fragen auf. Er soll 1944 gebaut sein, zu einer Zeit also, als das Fahrgestell schon nicht mehr produziert wurde. Über den Aufbau ist nichts bekannt, intern wurde der Wagen der FF Kempten/A. als TLF 15 bezeichnet. Derartige Fahrzeuge von 1944 sahen allerdings anders aus, etwa wie der Opel unten. Vielleicht kann ein Leser hier eines Tages weiterhelfen ?!

Ab 1943 wurden verstärkt Tanklöschfahrzeuge TLF 15 wie dieses beschafft, da in den durch Luftangriffe schwer zerstörten deutschen Städten die Versorgung mit Löschwasser zunehmend schwerer wurde. Hauptsächlich kamen Dreitonner-Fahrgestelle von Opel, mit und ohne Allradantrieb, in Frage, aber auch S 3000 von Klöckner-Deutz bzw. Klöckner-Humboldt-Deutz (KHD). Die Beschaffung erfolgte für Luftschutz und Feuerschutzpolizei gleichermaßen. Der abgebildete Opel vom Typ A 6700 mit Allradantrieb - der Aufbau stammt vermutlich von Magirus - blieb nach dem Krieg in der DDR und kam bei der FF Frauenstein zum Einsatz.

Fliegerkraftspritzen, ab 1943 schlicht LF 15 genannt, wurden auch auf Fahrgestellen von Henschel und auf den sehr bewährten 3-t-Opel-Chassis gebaut. Im Bild die FlKS 15 der FF Weinböhla, die 1940 für eine Fliegerhorst-Feuerwehr gebaut wurde. Der Aufbau stammt vermutlich von Magirus.

Für die Großen Drehleitern GDL mit 32 m Auszugslänge stand ab 1943 das Niederflur-Omnibus-Chassis von KHD, Typ GFL 145 (später S 4500), zur Verfügung. Bei der FF Kappelrodeck existiert heute noch eine solche GDL, die erstaunlicherweise einen Metz-Aufbau trägt. Zuvor war das seltene Fahrzeug bei der BF Karlsruhe im Einsatz.

# Bezeichnungen der Feuerwehrfahrzeuge

Bis in die dreißiger Jahre gab es keine einheitlichen, aussagefähigen Bezeichnungen für Feuerwehrfahrzeuge. Man begnügte sich mit Begriffen wie "Kraftspritze" oder einfach "Drehleiter". Erst im Zuge der Vereinheitlichungsbestrebungen ab Mitte der 30er Jahren kam es zu besseren Klassifizierungen.

Das heutige Bezeichnungsschema geht auf die Kennzeichnung des Reichsluftfahrtministeriums zurück, das ab 1943 die Löschfahrzeuge nach ihrer Pumpenfördermenge (in l/min) und die Drehleiter nach ihrer Steighöhe einteilte. Die Fahrzeug-Art wird demnach mit einer Buchstaben-Kombination angegeben, z.B. LF für Löschgruppenfahrzeug, DL für Drehleiter, GW für Gerätewagen, TLF für Tanklöschfahrzeug. Hinzugefügt werden dann zunächst die Ziffern für die Pumpenleistung. Beim LF 16 handelt es sich also um ein Löschgruppenfahrzeug mit einer Förderleistung von 1.600 l/min (stets bei 8 bar), während ein TLF 24/50 2.400 l/min leistet.

Beim zuletzt genannten Fahrzeugtyp findet man weitere Ziffern, von der Pumpenleistung durch einen Schrägstrich getrennt. Diese geben die mitgeführte Löschmittelmenge an, im Normalfall also Wasser. Demzufolge verfügt das genannte TLF 24/50 über 5.000 l Wasser. Werden auch noch andere Löschmittel mitgeführt, so werden diese in der Reihenfolge Schaummittel - Pulver, jeweils durch Querstrich getrennt, angehängt. Lediglich bei Schaum- oder Zumischer-Löschfahrzeugen, die kein Wasser mit sich führen, (SLF oder ZLF) folgt hinter dem Schrägstrich direkt die Angabe der mitgeführten Schaummenge.

Häufig wird bei Normfahrzeugen auf die Angabe der mitgeführten Löschmittel verzichtet, so daß man unter einem LF 16 nicht etwa ein Löschgruppenfahrzeug ohne Wasservorrat, sondern ein solches mit der der Norm entsprechenden Menge von (je nach Bauart und Alter) von 800 bis 1.200 l versteht. Bei Drehleitern geben die beiden Ziffern die Steighöhe an, bei der DL 26 also 26 Meter. Eventuell angehängte Buchstaben m oder h weisen bei älteren Fahrzeugen auf mechanischen oder hydraulischen Leiterantrieb hin, ein T (wie z.B. DL 30-T) weist auf ein Truppfahrerhaus hin.

Ab 1980 wurde die bisherige Angabe der Steighöhe durch zwei Ziffern-Kombinationen abgelöst, die die Mindest-Rettungshöhe und die Mindest-Ausladung der Leiter angeben; außerdem weist ein K auf einen mitgeführten Rettungskorb hin. DLK 23-12, die neue Bezeichnung für DL 30-T (andere Kabinen sieht die Norm ohnehin nicht mehr vor, so daß das T ganz entfällt) bezeichnet also eine Drehleiter mit Korb, die über 23 m Mindeststeighöhe und eine Mindestausladung von 12 m verfügt.Eventuelle weitere Ziffern weisen auf besondere Bauarten hin. In unterschiedliche Größen sind Schlauchwagen SW, Einsatzleitwagen ELW und Rüstwagen eingeteilt. Bei den Schlauchwagen wird die Länge der mitgeführten Schläuche angehängt (SW 2000, 2.000 m). RW und ELW sind in die Größenordnungen 1 bis 3 (z. B. RW 2, ELW 1) unterteilt.

Um den Verwendungszweck bestimmter Fahrzeug näher zu kennzeichnen, können zahlreiche Begriffe an die Angaben der Fahrzeugart angehängt oder vorangestellt werden. Häufig findet man GW-Gefahrgut für Gerätewagen zum Einsatz bei Unfällen mit gefährlichen Stoffen oder VRW für Voraus-Rüstwagen.

Die gängigsten Bezeichnungen von Feuerwehrfahrzeugen sind am Schluß dieses Buches in einer Tabelle zusammengestellt. Um Unklarheiten insbesondere bei Bezeichnungen von Sonder-Lösch- und Tanklöschfahrzeugen zu vermeiden, werden in diesem Buch die oft wenig aussagefähigen Bezeichnungen der Hersteller vernachlässigt und stets die aussagefähigere Aneinanderreihung von Fahrzeug-Art, Pumpenleistung, Wasservorrat, Schaummittelvorrat und Pulverlöschmittelvorrat benutzt. Beispiel: Hinter dem Kürzel TroTLF 32/30-20-P 1000 verbirgt sich ein Trokken-Tanklöschfahrzeug mit einer Pumpenleistung von 3.200 l/min, 3.000 l Wasser, 2.000 l Schaummittel und 1.000-kg-Pulverlöschanlage.

# Von 1945 bis 1962

Die unterste Stufe der Motorisierung einer Feuerwehr stellen die Tragkraftspritzenfahrzeuge dar, für die es vor 1945 kein Vorbild gab. Es gab Ausführungen mit einer Besatzung von 1+5 (TSF) und 1+2 (TSF-T, Truppbesatzung). Das abgebildete Fahrzeug stammt von 1950 und wurde von der WF Radium in Wipperfürth in Eigenarbeit ausgebaut. Der Anhänger gehört nicht zur normalen Ausstattung.

Als Klein-Löschfahrzeug KLF diente dieser Ostner Rex von 1951 bei der WF der Aerzener Maschinenfabrik in Hameln. Der Aufbau stammt von Binz in Lorch. Ende der 80er Jahre wurde das Fahrzeug an einen Sammler verkauft.

Aus der Not der frühen Nachkriegsjahre heraus wurden oft skurrile Feuerwehrfahrzeuge geboren. Häufig fanden bei kleinen Feuerwehren altbrauchbare Nutzfahrzeuge oder ehemalige Militärfahrzeuge Verwendung und wurden entsprechend aus- oder umgebaut. Derart erfinderische Selbsthilfe gibt es auch heute noch bei vielen Feuerwehren. Die FF Neustadt bei Coburg nutzte einen gebrauchten Lieferwagen auf einem Fahrgestell vom Typ Opel Blitz 1,5-45 mit Kofferaufbau von Voll/Würzburg. Das 1950 gebaute Fahrzeug wurde zum TSF-T in Eigenleistung umgebaut.

Deutschland lag 1945 in Trümmern. Die millionenfachen Verluste an Menschenleben und die Zerstörungen der Städte, der Industriebetriebe und der Infrastruktur, aber auch die Einschränkungen durch die Besatzungsmächte und die allgegenwärtige Materialknappheit erschwerten den Neubeginn außerordentlich. Bis zur Währungsreform im Jahre 1948 beschränkte sich der Bau von Feuerwehrgeräten und -Fahrzeugen auf die Montage aus noch vorhandenen Bauteilen. Entsprechend spartanisch waren diese wenigen Fahrzeuge ausgerüstet. Soweit die teils primitiven Mittel ausreichten, wurden auch zerstörte Fahrzeuge repariert und wieder betriebstauglich gemacht. Vielfach standen die Feuerwehren aber auch ganz ohne Fahrzeuge da, denn mancher Wagen war Fliegerangriffen zum Opfer gefallen oder auch von Soldaten verschleppt worden. Man half sich in solchen Fällen oft so gut es ging: Auch ein Traktor konnte Geräte auf einem Anhänger ziehen, ein alter Kübelwagen dem Mannschaftstransport dienen und selbst ein Ketten-Kraftrad (Ketten-Krad) war geeignet, einen Tragkraftspritzenanhänger zu ziehen. Auch in Eigenregie in Angriff genommene Umbauaktionen halfen, die gröbsten Mißstände zu beseitigen. Gelegentlich tauchten kurz nach Kriegsende sogar intakte Feuerwehrfahrzeuge auf, die findige

Die FF Feuchtwangen erhielt 1955 dieses TSF-T in Form eines Kastenwagens von DKW, Typ F 800 3=6. Gegenüber Kastenwagen von VW und Ford blieben DKW bei Feuerwehren Einzelstücke. Die Bauform mit der schrägen Front fand bei den heute modernen VW-Kastenwagen, beim Ford Transit und anderen eine Neuauflage.

Zu den ganz frühen Nachkriegsbauten zählt dieses Fahrzeug der WF Raschig in Ludwigshafen: Es handelt sich um einen bei Mercedes-Benz in Lizenz gefertigten Opel Blitz 3,6-36-8 mit der Typenbezeichnung Typ L 701. Da auch nach Kriegsende noch allerorten Rohstoffmangel herrschte, erinnert der Aufbau des LF 15 noch stark an die entfeinerten Fahrzeuge der letzten Kriegsjahre. Der Wagen wurde 1947 gebaut und gehört heute einem Sammler aus Halver.

Große Verbreitung als Tragkraftspritzenfahrzeug fand der Ford Transit FK 1000 und FK 1250, der 1953 als Konkurrenz zum VW-Kastenwagen bzw. -Bus auf den Markt kam. Alle gängigen Feuerwehr-Ausrüster hatten den Transit im Angebot. Das abgebildete Fahrzeug mit Ausbau von Ziegler gehört der Löschgruppe Bergfelden der FF Sulz am Neckar.

In den 50er Jahren gab es auch solche Kleinlöschfahrzeuge KLF 6 mit Tragkraftspritze TS 6/8, die Eingang in die Typenreihe des Fachnormenausschusses Feuerlöschwesen (FNFW) von 1948 fanden. In den Richtlinien von 1958 waren sie nicht mehr vorhanden, zumal für ein Mitteldìng zwischen TSF und LF8 kaum Bedarf bestand. Dennoch beschafften einige Feuerwehren solche Fahrzeuge. Dieser Opel Blitz 1,75 t, der sogar mit Frontpumpe ausgerüstet ist, kam 1955 zur FF Heimsheim; der Aufbau stammt von Ziegler.

Nicht nur durch ihre Zuverlässigkeit waren Fahrzeuge von Borgward bei den Feuerwehren beliebt. Das 2,5-t-Fahrgestell vom Typ B 2500 A verfügte sogar über Allradantrieb, der uns heute zwar selbstverständlich vorkommt, es in den 50er Jahren aber keinesfalls war. Andere LF 8 mit Allradantrieb, etwa von Ford, Hanomag oder Opel, sind nicht bekannt, obwohl auch diese Hersteller den Allradantrieb zumindest versuchsweise in Prototypen ihrer Fahrzeuge einbauten. Die FF Neustadt an der Donau erhielt 1957 dieses Allrad-LF 8 mit Metz-Aufbau und Frontpumpe.

Zu den sogenannten "LF 8 leicht (l)" - der Zusatz "leicht" hat sich zwar ebenso wie "mittelschwer" (m) und "schwer" (s) beim LF 8 eingebürgert, stammt jedoch nicht aus der Norm - zählt dieses Fahrzeug der FF Waldbröl, Löschzug Thierseifen. Magirus stellte den Aufbau 1950 auf einem Fahrgestell vom Typ Opel Blitz 1,5 t her. Varianten mit Frontpumpe und solche mit Heckbeladung gab es ebenfalls.

Nicht so weit wie der Opel waren Fahrgestelle von Ford verbreitet. Dazu mag beigetragen haben, daß der Ruf von Ford allgemein nicht so gut war wie der von Opel. Die Amtsfeuerwehr Nörvenich orderte bei Bachert ein leichtes LF 8 auf einem Fahrgestell vom Typ Ruhr V 3000 S, das 1951 geliefert wurde. Das Fahrzeug in moderner Ganzstahl-Bauweise (vgl. S. 53 Mitte) stand in den 80er Jahren im Dienst.

Häufiger fand man Ford-Fahrgestelle der nachfolgenden Generation (FK 2000, FK 3000, FK 3500) als LF 8, aber auch als LF 15. Zur FF Karsau bei Rheinfelden kam dieses Fahrzeug - ein FK 3500 mit V8-Benzinmotor - 1955. Der Metz-Aufbau zeigt deutlich die markanten Rundungen der sogenannten Omnibus-Bauform.

Feuerwehrmänner vor durchziehenden Militärkolonnen in Sicherheit gebracht und versteckt hatten - aus Angst vor Zerstörung und Enteignung.

Eine spürbare Belebung des Wirtschaftslebens machte sich erst nach der Währungsreform im Jahre 1948 mit der Einführung der D-Mark bemerkbar. Dies wirkte sich auch für die Hersteller von Feuerwehrgeräten und -fahrzeugen positiv aus. Waren bisher in erster Linie Baumuster aus der Kriegszeit oder noch ältere Typen unter scharfer Kontrolle der Alliierten in kleinen Stückzahlen produziert worden, so ging man nach der Lockerung der Produktionsbeschränkungen - wegen der militärischen Verwendbarkeit war zum Beispiel der Bau bestimmter Fahrzeugarten wie etwa solcher mit Allradantrieb untersagt - mit Hochdruck daran, neue Fahrzeuge und Aufbauten zu entwickeln und so schnell wie möglich herzustellen.

Auch die renommierten Aufbauhersteller Metz/Karlsruhe und Magirus/Ulm stellten alsbald neue Fahrzeuge vor. Beide Hersteller präsentierten noch 1948 neue Tanklöschfahrzeuge mit einer Besatzung von einem Fahrer und fünf Mann (1+5), die in Anlehnung an die TLF 15 der Kriegszeit entstanden. Dabei wurden die Löschwassertanks bei beiden Herstellern erstmals vollständig im Aufbau untergebracht, lediglich die am Heck angebrachte Feuerlöschpumpe blieb im Freien.

Auch dies sollte sich jedoch bald ändern, als Magirus zwei Jahre später daran ging, die äußeren Formen der Fahrzeuge

Auch die Hanomag-Fahrgestelle vom Typ L 28 kamen für Feuerwehr-Aufbauten in Betracht. Im Vergleich zu Opel blieben aber auch sie selten. Die Aufbauten für LF 8 stammten zumeist von Metz, Bachert und Ziegler, aber auch Exemplare von Hering/Balve sind bekannt. Eine Rarität ist dieses LF 8 auf einem L 28-Fahrgestell von Hanomag, Baujahr 1954, das zur FF Bomlitz gehört: Der Aufbau stammt von Harmening aus Bückeburg, einem früher recht bekannten Aufbauhersteller für Omnibusse.

Durch einige Besonderheiten zeichnet sich dieses LF 8 aus, gleichfalls ein Hanomag L 28, den Bachert 1957 für die FF Dossenheim aufbaute. Während die Feuerlöschpumpe im Normalfall im Heck eingebaut oder als Frontpumpe vorne montiert war, gab es auch Fahrzeuge wie dieses, die über eine mittig eingebaute Pumpe verfügten. Die Bedienung erfolgte hier vom hinteren Teil der Staffelkabine aus. Ihrer Zeit voraus waren die seitlichen Jalousie-Verschlüsse, die erst in den 70er Jahren zum Standard wurden. Fahrzeuge mit ähnlichen Baumerkmalen auf Fahrgestellen von Ford, Hanomag und Borgward gab es in Baden-Württemberg öfter.

Größte Verbreitung fanden die 1,75-Tonner von Opel, die wiederum am häufigsten mit Metz-Aufbauten zu finden waren (die Aufbauform entsprach dann dem Fahrzeug auf der gegenüberliegenden Seite unten). Verbreitet waren aber auch Aufbauten von Magirus, Ziegler und - in Niedersachsen - Graaff/Elze. An Varianten waren Fahrzeuge mit Front- oder Heckpumpe, mit Heck- oder Seitenbeladung möglich. Das Bild zeigt ein Fahrzeug mit Magirus-Aufbau, Frontpumpe und Seitenbeladung, das 1957 zur FF Neuenburg/Baden kam.

Neue Fertigungsmethoden begannen in den 50er Jahren die alt-bewährte Verbundbauweise aus Holz und Stahl abzulösen. Führend in Ganzstahlaufbauten war Bachert schon Anfang der 50er Jahre (vgl. S. 48 Mitte und S. 53 Mitte), aber auch Heines in Wuppertal-Gruiten beschritt neue Wege: In Ermangelung eines eigenen Karosseriewerkes verwendete die Firma Leichtmetallaufbauten des bekannten Aufbauherstellers Ackermann/Wuppertal. Ein solches Fahrzeug ist das LF 8 der FF Oedingen im Kreis Olpe, das 1959 auf einem 1,75t-Fahrgestell von Opel entstand.

Erneut ein "Face-Lifting" erhielten die Ford-Lkw ab Mitte der 50er Jahre. Auch auf diesen neuen Fahrgestellen entstanden LF 8 u.a. von Metz, Meyer-Hagen, Miesen/Bonn, Arve/Springe und Heines. Besonders häufig waren Schlingmann-Aufbauten wie bei diesem Fahrzeug von 1961 zu finden (Fahrgestell Typ FK 2500 B), das sich heute im Besitz eines Sammlers befindet.

Vereinzelt wurden auch schwere Fahrgestelle für LF 8-Aufbauten verwendet. Von Mercedes-Benz kam hierfür der Typ LF 3500/36 mit 3,6 m Radstand in Frage. Soweit bekannt, lieferten Metz und Bachert Aufbauten für derartige Fahrzeuge. Seinen Ruhestand verbringt das abgebildete Fahrzeug (Metz-Aufbau von 1955) im Feuerwehr-Museum Nordhorn, nachdem es von der dortigen FF ausgesondert worden war. Interessant ist die in den 50er Jahren häufig zu findende Rundumkennleuchte von Auer.

Selten blieben Feuerwehr-Aufbauten auf dem leichten Borgward-Fahrgestell vom Typ B 1500. Die FF Springe erhielt 1959 ein solches Fahrzeug, ausgerüstet und aufgebaut als LF 8 von der heimischen Firma Arve. In Ermangelung eigener Pumpen baute Arve eine Magirus-Pumpe an. Das Fahrzeug besitzt den in Niedersachsen üblichen, aber auch in Bayern und anderen Bundesländern teilweise verwendeten Aufbau mit Heckbeladung.

Ausnahmeerscheinungen hinsichtlich der Fahrzeugbeschaffungen bietet das Saarland, das erst durch den Saarvertrag mit Frankreich am 1.1.1957 politisch und im Juli 1959 wirtschaftlich Anschluß an die Bundesrepublik erlangte. Dort gab es zahlreiche Fahrzeuge mit deutschen Aufbauten auf französischen Fahrgestellen. LF 8 und andere Fahrzeuge wurden von örtlichen Karosseriebauern wie Gebrüder Jacob, Karosseriebau Schreiner (beide Saarbrücken), Neunkircher Karosseriebau Jacob & Söhne und Mader (beide Neunkirchen/Saar) aufgebaut. Dieses leichte LF 8 mit Mader-Aufbau von 1957 hat ein Fahrgestell von Hotchkiss (Typ PL 25 L) und lief bei der FF Sötern/Saar.

In den frühen 50er Jahren mangelte es sowohl KHD als auch Mercedes-Benz an eigenen Fahrgestellen in der Klasse unter 7,5t. Während Mercedes den leichten Frontlenker L 319 1955 vorstellte (vgl. S. 52 unten), griff Magirus auf leichte Faun-Fahrgestelle zurück, die mit luftgekühlten Deutz-Motoren ausgerüstet waren. Solche Fahrzeuge mit verdeckt montierten, durch eine Klappe in der Front zugänglichen Feuerlöschpumpen, wurden ab Anfang der 60er Jahre geliefert. Außer von Magirus gab es keine anderen Aufbauten, jedoch Varianten mit Heck- oder Seitenbeladung. Das abgebildete Fahrzeug (Fahrgestell Typ F 24 DL) gehörte der FF Reichshof-Denklingen.

Unkonventionelle Behelfslösungen waren bei vielen Feuerwehren unumgänglich, wenn die Finanzen nicht für neue Fahrzeuge reichten. Die FF Salchendorf im Siegerland baute sich einen gebrauchten Unimog mit 25 PS, Baujahr 1955, zum Löschfahrzeug um und stattete ihn mit Frontpumpe aus. Derart umgerüstet tat das Fahrzeug bis in die 80er Jahre Dienst mit einer Anhänger-Schlauchhaspel Marke Eigenbau.

So oder ähnlich sah die Ausrüstung einer Dorffeuerwehr in den 50er Jahren oft aus, wobei der Traktor eines ortsansässigen Landwirts als Zugfahrzeug dienen mußte. Bis heute konnten sich solche Gespanne halten, wobei die Traktoren moderner sind. Das abgebildete TSA-Gespann verwendet die FF Stadtoldendorf gelegentlich bei Festumzügen, um damit zu demonstrieren, daß die Feuerwehren früher auch mit einfachen Mitteln arbeiten mußten. Bei dem Schlepper handelt es sich um einen Hanomag R 28 B von 1951, den TSA baute Magirus 1942.

Mit dem 1955 vorgestellten leichten Fahrgestell vom Typ L 319 gelang Mercedes-Benz der Einstieg in die leichte Lkw-Klasse. Fortan nutzten Metz, Bachert, Ziegler und Schlingmann die kleinen Frontlenker zum Bau leichter LF 8. Auch hier gab es wieder die bekannten Varianten mit und ohne Frontpumpe bzw. mit Heck- oder Seitenbeladung. Die Fahrzeuge bewährten sich und eroberten von anderen Hersteller wie z.B. Hanomag und Opel wichtige Marktanteile. Die Abbildung zeigt ein Fahrzeug mit Metz-Aufbau von 1959, das zur FF Westerstede gelangte. Das Fahrgestell ist vom Typ LF 319 B/28.

neu zu gestalten. Damals entstand der sogenannte Omnibus-Aufbau, der mit seinen starken Rundungen dem Geschmack der Zeit entsprach und die Aufbauten der Feuerwehrfahrzeuge bis in die Mitte der 50er Jahre prägte. Wie bereits in den 30er Jahren wurde ein Holzgerüst auf die Fahrgestelle aufgesetzt, das mit Stahlblechen beplankt wurde. Fahrerraum, Mannschaftsräume und Geräteaufbau bildeten erstmals eine bauliche Einheit ohne störende Höhenabstufungen oder Absätze im Aufbau. Bei den TLF dieser Bauart gelang es sogar, die zur Ausrüstung gehörenden Leitern, die normalerweise als Dachbeladung mitgeführt werden, von hinten unter dem Dach einzuschieben - damit das harmonische Gesamtbild nicht gestört wird, wie es damals hieß. Auch Metz und die meisten übrigen Hersteller folgten dem Magirus-Beispiel und boten alsbald LF 8, LF 15 und TLF 15 in Omnibus-Bauformen an.

Technisch interessant war noch, daß Magirus die Feuerlöschpumpe in der Fahrzeugmitte angeordnete, die Bedienungsarmaturen jedoch am Rahmenende installierte. Auch andere Hersteller wendeten dieses Prinzip vereinzelt an, insgesamt setzte sich die Anordnung jedoch nicht durch: Die Feuerlöschpumpen behielten ihren angestammten und bewährten Platz am Fahrzeugheck zwischen den Rahmenwangen oder, bei bestimmten Fahrzeugarten, an der Front.

Ebenfalls im Jahre 1948 hatte in Westdeutschland der Fachnormenausschuß Feuerwehrwesen (FNFW) seine Arbeit auf-

Im Saarland waren Citroen-Fahrgestelle häufig anzutreffen (vgl. S. 51 Mitte). Das hier gezeigte LF 8 von 1952 mit Aufbau der Fa. Karosseriebau Schreiner, Saarbrücken, (Fahrgestell-Typ 23 RW) gehört zum Löschzug Hanweiler der FF Kleinblittersdorf. Um es universell einsetzen zu können, wurde die Ausrüstung u.a. durch einen Lichtmast erweitert.

Zu den ersten Fahrzeugen mit Ganzstahlaufbau (vgl. S. 48 Mitte) gehört dieses LF 15 von Bachert, Baujahr 1951. Es stand bei der FF Schmallenberg im Sauerland im Einsatz. In weitgehend ähnlicher Bauweise wurden auch schwere LF 8 auf diesem Mercedes-Fahrgestell vom Typ LF 3500/36 hergestellt.

Ohne große Veränderungen produzierte Magirus das aus der Kriegszeit bereits bekannte 3,5-t-Fahrgestell bis in die 50er Jahre. Neben DL und TLF entstanden auch LF 15, deren Aufbauten weitgehend denen der bekannten SLG ähnlich waren. Die FF Salach hatte noch in den 80er Jahren dieses LF 15/Magirus von 1951 im Einsatz (Fahrgestell S 3500).

Die wegen ihrer rundlichen Formen und der durchgehenden Dachkante Omnibus genannten Aufbauten waren bei Metz und Magirus in der ersten Hälfte der 50er Jahre gleichermaßen verbreitet. Die Aufbauten bestanden aus Holz und waren mit Blechen beplankt. Ab 1952 wurden Fahrgestelle mit der für Magirus-Deutz lange Zeit charakteristischen runden Motorhaube verwendet. Die FF Gummersbach erhielt das abgebildete LF 15/Magirus (Fahrgestell S 3500) 1955. Von 1979 bis zur Aussonderung 1984 gehörte das Fahrzeug zur Löschgruppe Derschlag, dem damaligen Heimatort des Verfassers.

Die klassische abgesetzte Bauform verfolgten die Aufbauhersteller bis zum Aufkommen der Omnibus-Bauformen. Dabei erfreute sich das 1949 von Mercedes-Benz vorgestellte Fahrgestell vom Typ L 3250, das ab 1950 mit L 3500 und ab Mitte der 50er Jahre mit L 311 bezeichnet wurde, von Anfang an großer Beliebtheit. Es eignete sich nicht nur zum Aufbau von Löschgruppenfahrzeugen und Tanklöschfahrzeugen, sondern auch als Drehleiter und für verschiedene Sonderaufbauten. Bis in die frühen 60er Jahre, also bis zur Ablösung durch die Kurzhauber, blieb die Bauform mit der spitzen Motorhaube fast unverändert. Dieses LF 15 mit Metz-Aufbau von 1950 gehört der FF Donaueschingen. Das Fahrgestell trägt bereits die Typenbezeichnung LF 3500/42.

Weil Magirus-Deutz und Mercedes-Benz mit ihren Fahrgestellen in der Gewichtsklasse 3,5 - 4,5 t den Markt der Feuerwehrfahrzeuge eindeutig beherrschten, blieben für andere Hersteller nur Nischen übrig. Häufig kauften lediglich solche Kommunen abweichende Fahrgestelle, in deren Stadtgrenzen solche Firmen abgesiedelt waren. So wurden in Kassel natürlich Fahrgestelle des heimischen Herstellers Henschel auch zum Aufbau als Feuerwehrfahrzeuge gekauft. Dieses LF 16 mit Metz-Aufbau von 1960 mit einem Henschel-Fahrgestell vom Typ HS 95 gehörte zunächst zum Bestand der Hessischen Landesfeuerwehrschule in Kassel, ehe es an die FF Otzberg-Hering im Odenwald verkauft wurde; heute gehört es einem Sammler.

Was den Kasselern recht war, war den Essenern billig. Zwar wurden hier nicht nur Fahrzeug von Krupp beschafft - Krupp baute vornehmlich schwere Fahrgestelle, die sich deshalb nicht unbedingt für die Feuerwehren eigneten -, aber es gab eine ganze Reihe davon. Als Fahrgestell für dieses LF 16-TS mit Metz-Aufbau von 1959 diente ein Krupp Widder L 60 W 3. Wegen des großen hinteren Aufbau-Überhanges hatte das Fahrzeug nicht die besten Fahreigenschaften und wurde daher Schaukel genannt. Fast identische Aufbauten gab es auch auf Mercedes-Benz-Fahrgestellen vom Typ LAF 311/36.

Die Ausstattung der Feuerwehrfahrzeuge mit Allradantrieb wurde in den 50er Jahren insbesondere bei LF und TLF immer mehr gewünscht. Nach Kriegsende untersagten die alliierten Besatzungskräfte den Bau der geländegängigen Fahrzeuge zunächst weitgehend, um die Verwendbarkeit für militärische Zwecke einzuschränken. Holzaufbauten waren jedoch für den technisch schon längst unproblematischen Allradantrieb wegen der auftretenden Fahrgestell-Verschränkungen weniger geeignet. Bei diesem LF 16 mit Allrad-Antrieb (Fahrgestell Mercedes-Benz LAF 311/42) ist die Kabine noch in kombinierter Holz-Stahl-Bauweise gehalten, während der Aufbau aus Stahl-Profilen und -Blechen gebaut wurde. Das Fahrzeug kam 1957 zur FF Weiden/Oberpfalz.

Mitte der 50er Jahre tauchten die ersten Feuerwehrfahrzeuge auf Frontlenker-Fahrgestellen von Mercedes-Benz auf. Metz fertigte die Aufbauten für diese LF 16 und TLF 16. Später bot auch Bachert entsprechende Aufbauten an. Weite Verbreitung fanden die Vorreiter der heutigen Bauformen allerdings noch nicht. In größeren Stückzahlen orderten lediglich die BF Hamburg und Mannheim solche Fahrzeuge, einzelne Exemplare liefen u.a. in Neuß, Düren, Krefeld, Grefrath, Lauffen/Neckar und Neckargemünd. Die FF Singen/Hohentwiel erhielt 1959 dieses TLF 16 mit Metz-Aufbau. Das Fahrgestell ist vom Typ LPF 311/36.

Den Stand der Technik in den frühen 60er Jahren zeigt dieser Magirus-Deutz F Mercur 125 A. 1963 kam das Fahrzeug als LF 16 mit Aufbau von Magirus zur Feuerwehr Herne. Der Baustoff Holz ist an diesem Fahrzeug nicht mehr zu finden. Die Zeit der Rundhauber war 1963 eigentlich schon abgelaufen, zumal bereits Fahrgestelle mit der neuen eckigen Haube, auch Eckhauber genannt, auf dem Markt waren.

Bei den Aufbauten auf Mercedes-Fahrgestellen war Metz in den 50er Jahren führend. Ziegler, Bachert und andere blieben verhältnismäßig selten. Bei der FF Ennepetal gab es ein LF 16 mit Bachert-Aufbau und Allradantrieb von 1959 (Fahrgestell Typ LAF 311/42) Bei der Ablieferung hatte der Wagen eine Vorbau-Seilwinde, die später entfernt wurde.

Einen Aufbau von Ziegler hat dieser Mercedes-Benz LF 311/42, der als LF 16-TS 1960 zur FF Ebersbach/Fils gelangte. Meistens war bei den LF 16-TS die Feuerlöschpumpe an der Front montiert, obwohl die Fahrzeuglänge dadurch zunahm. Die TS war dann im Heck eingeschoben. Es gab aber auch Varianten mit im Heck fest eingebauter Pumpe und seitlich eingeschobener TS.

genommen und - ohne Erarbeitung von Bauvorschriften - eine Typenreihe bestehend aus folgenden Fahrzeugen zusammengestellt: Löschgruppenfahrzeuge LF-TS 8, LF-TSA 8, LF 8-TS 8, LF 8-TSA 8, LF 15-TS 8, LF 15 und LF 25, Kleinlöschfahrzeug KLF-TS 6, Tanklöschfahrzeug TLF 15, Drehleitern DL 12, DL 17, DL 22, DL 25, DL 30, DL 52, Schlauchwagen S I und S II sowie Rüstkranwagen R 7,5 und R 10. Die angehängten Kürzel TS 8 und TSA 8 standen für Tragkraftspritze mit einer Förderleistung von 800 l/min bzw. Tragkraftspritzenanhänger mit einer TS 8.

Schon bald kristallisierte sich ein klassischer Drei-Fahrzeug-Löschzug heraus, der sich aus LF 15, TLF 15 und einer DL zusammensetzte. Diese Kombination von Fahrzeugen findet man, natürlich in der modernen Form als LF 16, TLF 16, DL und oft erweitert um Rettungswagen, ELW oder VRW, auch heute noch bei vielen deutschen Feuerwehren. Dabei kann das TLF mit seinem großen Wasservorrat den ersten Angriff übernehmen, verfügt dafür aber gegenüber dem LF (Besatzung 1+8) über weniger Besatzung und Gerät. Das eigentliche Basis-Fahrzeug mit der unbedingt erforderlichen Mindestausstattung an Mannschaften und feuerwehrtechnischer Ausrüstung ist das LF.

Viele Feuerwehren haben wegen unterschiedlicher Anforderungen auch das TLF durch ein TroTLF oder das LF durch ein HLF ersetzt. Bei Berufsfeuerwehren, die oft Sonderlöschfahrzeuge besitzen, sind auch andere Fahrzeugkombinationen

Um zunehmenden Gefahren in der expandierenden Industrie und im Zusammenhang mit der aufblühenden Luftfahrt begegnen zu können, kamen in den 50er Jahren verstärkt Trockenlöschfahrzeuge TroLF, oft auch Pulverlöschfahrzeuge PLF genannt, zur Ausführung. Sie eignen sich vornehmlich zur Bekämpfung von Flüssigkeits- und Gasbränden. Während bei kommunalen Feuerwehren zumeist TroLF 750 mit 750 kg Pulver ausreichten, waren bei großen Industriebetrieben und Flughäfen oft größere Pulvermengen gefragt. Anfang der 60er Jahre ließ sich die WF Enka AG, Werk Oberbruch, von Total/Ladenburg ein TroLF 2500 auf einem gebrauchten Fahrgestell von Büssing-NAG (Typ 5000 S, Baujahr 1948) bauen. Zusätzlich führte das Fahrzeug 1.560 kg $CO_2$ mit sich. Bis Ende der 80er Jahre war das Einzelstück im Einsatz.

Eine Reihe von LF 20 genannten Löschfahrzeugen orderten zu Beginn der 50er Jahre die amerikanischen Streitkräfte in Deutschland für ihre Flugplatz-Feuerwehren. Bei Metz entstanden Fahrzeuge, die amerikanischen Bauarten entsprachen, auf deutschen Fahrgestellen von Krupp-Südwerke und Ford. Das abgebildete Fahrzeug auf einem Ford-Omnibus-Fahrgestell vom Typ G 790 B wurde 1951 geliefert und gelangte nach der Aussonderung durch die US-Army zur FF Krofdorf-Gleiberg. Es verfügt über eine Mittelpumpe und einen Löschwasservorrat von 1.200 l Wasser. Die Fahrt mit dem LF 20 ist übrigens für deutsche Verhältnisse gewöhnungsbedürftig: Der Frontlenker hat das Gaspedal zwischen Kupplung und Bremse.

Zwei Pulverlöschanlagen zu je 750 kg befinden sich im Aufbau dieses TroLF 1500. Während Metz den Aufbau herstellte, steuerte Total/Ladenburg die beiden Anlagen bei. Gebaut wurde das Fahrzeug 1956 auf einem Rundhauber-Fahrgestell vom Typ Sirius 85 A. Noch Anfang der 90er Jahre stand es bei der WF des ARAL-Tanklagers Gelsenkirchen-Schalke im Einsatz.

Auch dieses LF 20 mit Metz-Aufbau auf einem Krupp-Südwerke-Fahrgestell von 1952 (Typ LF 45) war für die US-Army bestimmt. Später tat es bei der FF Ostbevern gute Dienste. Voraussetzung dafür waren allerdings umfangreiche Änderungen am Fahrzeug und dessen Ausrüstung, denn sämtliche Armaturen wie Schlauchkupplungen usw. entsprachen amerikanischen Normen und waren nicht mit deutschen zu verbinden. Ursprünglich besaßen diese Fahrzeuge einen Südwerke-Vergasermotor mit 110 PS. Bei den meisten, wie auch bei diesem, wurden dann später luftgekühlte Deutz-Dieselmotoren mit 125 PS eingebaut.

Die Raffinerie Deurag-Nerag in Misburg bei Hannover beschaffte 1958 dieses TroLF 1000 mit Aufbau von Total/Ladenburg. Verwendet wurde das bekannte 1,75-t-Fahrgestell von Opel. Die Frontpumpe FP 8/8 vergrößert zusätzlich das Einsatzspektrum des Fahrzeuges.

Bei den meisten TroLF 750 wurde das Unimog-Fahrgestell S 404 von Mercedes-Benz verwendet. Diese Kombination wurde geradezu zum Standard bei den leichten TroLF. Der Aufbau dieses Fahrzeugs von 1958 für die WF Petrochemische Werke Münchsmünster stammt von Metz, wobei eine Minimax-Pulverlöschanlage installiert wurde.

Die ersten Tanklöschfahrzeuge nach dem Krieg erhielten sowohl bei Metz als auch bei Magirus ähnliche, einfache Aufbauten, bei denen Wassertank und Feuerlöschpumpe am Heck unverkleidet blieben. Schlauchhaspeln waren beidseitig hinter der Hinterachse angeordnet. Bei der FF Metzingen konnte man ein solches TLF 15 (Fahrgestell Magirus-Deutz S 3500, Aufbau Magirus, Baujahr 1950) noch in den 80er Jahren bewundern.

Sind Ford-Fahrgestelle unter den Feuerwehrfahrzeugen schon verhältnismäßig selten, abgesehen vom Typ Transit, so sind solche mit Allradantrieb noch viel rarer. Dieses nicht den allgemeinen Richtlinien entsprechende TLF 15/15, also mit 1.500-l-Tank, baute Graaff/Elze 1954 auf einem Fahrgestell vom Typ FK 3500 A. Das Fahrzeug war bei der FF Ganderkesee im Einsatz. Den Antrieb der Frontpumpe und des Fahrzeugs selbst übernahm ein schluckfreudiger V8-Benzinmotor von Ford mit 100 PS.

Vor dem Erscheinen der Rundhauber von Magirus-Deutz erhielten Tanklöschfahrzeuge mit Magirus-Omnibusaufbauten und auch einige -Drehleitern übergangsweise Motorhauben mit stark abgerundeten Kanten und leicht schrägstehenden Kühlermasken, die aber noch an die alte, aus der Kriegszeit stammende Bauform des S 3000 bzw. S 3500 erinnern. Eines dieser Fahrzeuge leistete bei der FF Trostberg Dienst und wird dort heute noch als Museumsstück aufbewahrt. Es stammt von 1951 (Fahrgestell Typ S 3500). Die Dachaufbauten wurden nachträglich installiert. Ursprünglich war das Dach völlig leer (wie im Bild unten), da alle Ausrüstungsgegenstände, auch die Leitern, von hinten unter der Dachhaut eingeschoben werden konnten.

Einige wenige der oben beschriebenen Fahrzeuge hatten auch Allradantrieb. Die Fahrgestellbezeichnung war demnach A 3500. Die FF Unterammergau benutzte dieses seltene, gleichfalls 1951 gebaute Fahrzeug noch in den 80er Jahren. Ab 1952 erhielten die Magirus-Fahrzeuge die charakteristische runde Motorhaube.

Der Allradantrieb setzte sich erst ab Mitte der 50er Jahre bei den TLF 15, später TLF 16 in größerem Umfang durch. Magirus hatte neben den Omnibus-Fahrzeugen parallel auch TLF mit kurzem Radstand und abgesetzten Aufbauten im Programm, die zumeist mit Allradantrieb ausgerüstet waren. Sie trugen, wie auch dieses Fahrzeug, die Fahrgestell-Typenbezeichnung A 3500. Der Geräteaufbau war vollständig geschlossen, lediglich die Heckpumpe lag bei diesem Typ noch frei (bis ca. 1955). Dieses Fahrzeug von 1955 stammt von der FF Horb/Nekkar.

nicht selten. Da es sich bei dieser Betrachtung jedoch um einsatztaktische Gesichtspunkte handelt, soll weiter darauf nicht eingegangen werden.

Schon Mitte der 50er Jahre war die Ära der Omnibusaufbauten wieder vorbei. Die westdeutschen Hersteller gingen dazu über, Mannschaftskabine und Geräteaufbauten wieder baulich zu trennen.

Begründet wurde das schnelle Ende der Epoche der Rundungen mit unzureichender Ausnutzung des umbauten Raumes, mit relativ aufwendiger Fertigung und mit Verwindungs-Problemen bei Fahrzeugen mit Allradantrieb, die nach den anfänglichen Einschränkungen durch die alliierten Besatzer bald wieder größere Verbreitung auch unter den Feuerwehrfahrzeugen fanden.

Besonders viele Abnehmer fanden Feuerwehrfahrzeuge auf Magirus-Deutz-Fahrgestellen vom Typ S 3500 und - mit Allradantrieb - A 3500, auf Mercedes-Benz-Fahrgestellen LF 3500 und LAF 3500 sowie auf dem leichten Opel-Fahrgestell vom Typ Blitz 1,75t. Die Magirus- und Mercedes-Typen gehörten schon bald zu den Standardfahrzeugen in Westdeutschland und fanden entsprechend vielseitige Verwendung als Löschgruppenfahrzeuge, Tanklöschfahrzeuge und Drehleitern; der leichtere Opel eignete sich insbesondere als LF 8 und als leichte Drehleiter DL 17 bzw. DL 18.

Die fortschreitende technische Entwicklung machte natürlich auch bei den Feuerwehrfahrzeugen nicht halt. Bis zum Ende der 50er Jahre wichen die

Gleichzeitig mehrere Bauarten für ein und denselben Fahrzeug-Typ gab es auch bei Metz in Verbindung mit den Typen LF 3500 bzw. LAF 3500 (mit Allradantrieb). Neben den Omnibus-Aufbauten gab es TLF 15 mit langem und kurzem Radstand. Ein solches langes TLF 15 (Fahrgestell LF 3500/42) erhielt 1951 die FF Wipperfürth. Bei dieser frühen Ausführung ist der Aufbau etwas niedriger als bei jüngeren Fahrzeugen. Auch fehlt jeglicher Chrom-Zierrat.

Ein kurzes Metz-TLF mit Allradantrieb zeigt diese Aufnahme, das Fahrgestell ist vom Typ LAF 311/36 (Mitte der 50er Jahre wurde die Bezeichnung LF 3500 bzw. LAF 3500 durch LF 311 bzw. LAF 311 ersetzt). Das 1961 an die FF Valbert gelieferte Fahrzeug besitzt bereits Kabine und Aufbau in Ganzstahl-Bauweise, die bei Metz erst wenige Jahre zuvor eingeführt worden war.

Auch bei den Tanklöschfahrzeugen TLF 16 wurde im Saarland vielfach auf französische Fahrgestelle zurückgegriffen (vgl. S. 51 Mitte u. S. 53 oben). Ein kleine Serie von Unic-Fahrgestellen vom Typ ZU 66 AN wurde um 1957 von Metz aufgebaut. Eines dieser Fahrzeuge erhielt die FF Blieskastel, das in den 80er Jahren beim Löschzug Ballweiler Dienst tat. Weitere TLF auf Latil und Saviem-Fahrgestellen mit TLF-Aufbauten von Magirus sind bekannt.

Vor allem in Niedersachsen waren als TLF 16-T bezeichnete Tanklöschfahrzeuge mit Trupp-Fahrerhaus (1 Fahrer + 2 Mann) auf Magirus-Deutz- und Mercedes-Benz-Chassis verbreitet. Der Wasservorrat belief sich bei solchen Typen auf 2.800 l. Weitgehend im Originalzustand befindet sich dieses Fahrzeug der FF Emmerthal, Lz. Börry, das heute in Privatbesitz ist. Es handelt sich um einen Magirus-Deutz F Mercur 125 A (ab 1955 neue Bezeichnung für A 3500) mit Magirus-Aufbau von 1958.

Dem TLF 16-T ähnlich ist dieses Flughafen-Löschfahrzeug FLF 25/28-3 mit Magirus-Aufbau, das, wie die Bezeichnung aussagt, über eine Feuerlöschpumpe FP 25/8 verfügt (Förderleistung 2.500 l Wasser bei 8 bar), 2.800 l Wasser und 300 l Schaummittel mit sich führt. Das 1957 gebaute Fahrgestell ist vom Typ Magirus-Deutz F Mercur 125 A. Im Einsatzfall kann mit Wasser gelöscht werden oder mit Schaum, der im Fahrzeug selbst durch Zumischer und Schaum-/Wasser-Werfer gebildet und ausgestoßen werden kann. Das Fahrzeug gehörte zum Bestand der WF Flughafen Nürnberg.

Eine Reihe eigener Feuerwehr-Fahrzeugtypen beschaffte die Bundeswehr. Zu den Standardfahrzeugen, die zahlreich beschafft wurden und in größeren Kasernen, Munitions-, Kraftstoff- und Materialdepots sowie auf Truppenübungs- und Flugplätzen eingesetzt und sowohl rot wie auch oliv lackiert sein konnten, gehörte dieses Tanklöschfahrzeug TLF 24/24 auf dem geländegängigen Militär-Fahrgestell LG 315/46 von Mercedes-Benz. Im militärischen Sprachgebrauch hießen die Fahrzeuge Feuerlösch-Kfz. 2400; Metz und Bachert stellten die auswechselbaren Aufbauten und die Pumpen her. Nach der Aussonderung wurden die Fahrzeuge vielfach von zivilen Feuerwehren erworben, wie dieses Fahrzeug von 1957 mit Bachert-Aufbau, das zur FF Peine kam.

Ganz modern war das Schaumlöschfahrzeug SLF 32/20, das die WF VEBA Oel AG in Gelsenkirchen 1957 beschaffte. Metz liefert den Aufbau auf einem schweren Frontlenker-Fahrgestell von Mercedes-Benz, Typ LP 315/42. Die Pumpenleistung von 3.200 l bei 8 bar war in den 50er Jahre schon recht beachtlich. Auch heutige Fahrzeuge verfügen zumeist nicht über höhere Leistungen. Das Fahrzeug gehört heute zum Fundus einer Interessengemeinschaft zur Erhaltung alter Feuerwehrfahrzeuge im Ruhrgebiet.

Wie die TLF 16-T, so waren auch die leichteren TLF 8 in den 50er und 60er Jahren vornehmlich in Niedersachsen zu finden. Es wurden fast ausschließlich Fahrgestelle von Borgward benutzt. Der Wasservorrat dieser Fahrzeuge - im Bild ist der Borgward B 522 A (frühere Bezeichnung B 2500 A) mit Aufbau von Graaff/Elze, Baujahr 1961, der FF Scholen zu sehen - lag bei 1.500 bis 1.600 l.

Gelegentlich griffen Feuerwehren, um die Anschaffung neuer Fahrzeuge zu umgehen, auf Kriegsfahrzeuge zurück und ließen diese umrüsten. So entstand z. B. 1955 für die BF Mannheim dieses TLF 25/24 mit einem Aufbau von Bachert. Verwendet wurde ein Mercedes-Benz-Fahrgestell L 4500 A mit Allradantrieb, das vermutlich von einem ursprünglich für das RLM bestimmten TLF stammt. Das Fahrzeug gehört heute einem Sammler in Aalen.

Ende der 50er Jahre gewann das gleichzeitige Mitführen von Wasser und Trockenlöschpulver in einem einzigen Fahrzeug zunehmend an Bedeutung. Magirus baute den ersten Prototyp, der über beide Löschmittel verfügte. Es handelt sich im Prinzip um ein TLF 16 mit verkleinertem Löschwassertank (1.800 l) und einer Pulverlöschanlage mit 750 kg Inhalt. Der damalige Vorführwagen (Fahrgestell Magirus-Deutz F Mercur 125) kam 1960 zur WF Freudenberg in Weinheim.

üblichen blechbeplankten Holzaufbauten mehr und mehr den Ganzstahlaufbauten, die bei Bachert bereits zu Beginn der 50er Jahre an einem Teil der Fahrzeuge verwirklicht worden waren. Versuche gab es auch, die mitunter bei Einsätzen hinderlichen, seitlich angeschlagenen Drehtüren am Geräteaufbau durch Jalousien zu ersetzen. In dieser Hinsicht sollte der Durchbruch allerdings erst in den 70er Jahren gelingen, zumal Experimente mit hölzernen Rolladen zunächst nicht zu zufriedenstellenden Ergebnissen führten. Mitte der 50er Jahre wurde auch die Förderleistung der Feuerlöschpumpen bei den mittleren Fahrzeugen LF 15 und TLF 15 von 1.500 l/min auf 1.600 l/min erhöht, so daß sich fortan die Bezeichnungen in LF 16 bzw. TLF 16 änderten.

Schließlich ist nicht zu vergessen, daß die Anforderungen an die Feuerwehren bereits in den 50er Jahren kräftig anstiegen. Neben den Einsätzen zur Brandbekämpfung rückten die technischen Hilfeleistungen immer stärker in den Vordergrund. Zu dieser Entwicklung trug nicht nur der stetig zunehmende Straßenverkehr mit seinen wachsenden Unfallzahlebei, sondern auch der rasche, mit dem Wirtschaftswunder einhergehende Aufbau der Industrie, insbesondere der chemischen und petrochemischen Industrie. Dieser allgemeinen Entwicklung mußten auch die Feuerwehren Rechnung tragen, indem sie verstärkt besondere Fahrzeuge angeschafften, mit denen schnelle Hilfe bei Verkehrsunfällen geleistet werden konnte.

Große Gefahrenpotentiale, vor allem in der Chemischen Industrie und auf Verkehrsflughäfen, forderten in den 60er Jahren zunehmend große, schlagkräftige Feuerwehrfahrzeuge. Ein früher Zeuge dieser Entwicklung ist das Großtanklöschfahrzeug der WF Farbwerke Hoechst, das 1961 in Dienst gestellt wurde. Es handelt sich um einen Sattelschlepper mit einer Allrad-Zugmaschine von Magirus-Deutz, Typ Jupiter AS Auflieger faßt 12.000 l Wasser und 1.200 l Schaummittel und stammt von Stadler. Für die Gesamtausrüstung zeichnete Magirus verantwortlich.

Auch für die ersten Nachkriegs-Drehleitern benutzte Magirus die bewährten KHD-Fahrgestelle vom Typ S 3000 bzw. S 3500, die weitgehend der Kriegsbauart entsprachen, jedoch bereits mit luftgekühlten Dieselmotoren ausgerüstet waren. Diese mechanische 17-m-Magirus-Drehleiter (Fahrgestell Magirus-Deutz S 3500) stammt von 1949 und lief bei der FF Schönau.

Typischer Vertreter eines Schlauchwagens SW 2000 mit einer Besatzung von einem Fahrer und fünf Mann ist dieses Fahrzeug auf einem Fahrgestell von Mercedes-Benz, Typ LAF 311/42. Das von Metz aufgebaute Fahrzeug wurde 1957 gebaut und an die FF Tuttlingen ausgeliefert.

Ähnlicher Beliebtheit wie die LF 8 auf dem Fahrgestell Opel Blitz 1,75 t erfreuten sich die leichten Drehleitern DL 18. Sowohl Magirus als auch Metz lieferten Aufbauten hierfür. Bei Metz wurde die Leiter über Kette und einen bogenförmigen Zahnkranz aufgerichtet, bei Magirus verwendete man am Leiterende befestigte Stahlseile. In beiden Fällen erfolgt die Bedienung über eine Handkurbel mit Muskelkraft. Das Bild zeigt eine Metz-DL 18 von 1959, die zur FF Brilon gehört.

Einen Entwicklungsschritt weiter ist bereits diese Magirus-Drehleiter DL 18: Das Aufrichten übernimmt hier eine vom Fahrzeugmotor angetriebene Winde, ansonsten hat sich am Prinzip nichts verändert. Nicht alltäglich ist die große Kabine für eine Gruppe (1+5), mit der dieser Magirus-Deutz F Sirius 90 der FF Lohr am Main ausgerüstet ist. Die Lackierung der Vorderradfelgen soll für mehr Auffälligkeit bei Einsatzfahrten sorgen. Versuche mit ähnlichen Lackierungen gab es in den 50er Jahren öfters, z.B. in Berlin. Dieses Fahrzeug ist 1964 gebaut, baugleiche Drehleitern gab es jedoch auch schon zu Beginn der 60er Jahre, womit ihre Vorstellung in diesem Kapitel gerechtfertigt ist.

Etwas schwereren Kalibers ist diese mechanische Metz-DL 25 der FF Memmingen. 1954 gebaut, besaß das Fahrzeug eine Gruppenkabine, deren Form an die Omnibus-Bauart bei LF und TLF erinnert. Die starke Rundung an der Rückseite der Kabine war nötig, um 360-Grad-Drehungen der Leiter zu ermöglichen. Bei dem Fahrgestell handelte es sich um einen Mercedes-Benz LF 3500/42 von 1954. Alle Leiterbewegungen wurden bereits mit dem Fahrzeugmotor ausgeführt. Das Aufrichten erfolgte, wie bei Metz üblich, über Zahnkranz und Kette.

Um ein Einzelstück dürfte es sich bei dieser mechanischen DL 17 von Metz handeln. Sie wurde auf ein Ford-Fahrgestell vom Typ FK 3000 B geliefert, und zwar an die FF Coburg. Später gelangte sie zur FF im nahegelegenen Rödenthal.

Ganz selten sind auch Drehleitern auf Borgward-Fahrgestellen. Das bekannteste Exemplar ging an die FF Mayen in der Eifel. Das Fahrgestell ist vom Typ B 2500 Diesel. In Dienst gestellt wurde der heute noch bestens gepflegte Wagen 1955. Interessanterweise entspricht die Aufrichte-Mechanik dieser Metz-DL dem Magirus-Prinzip mittels Stahlseil und Winde.

Zur FF Neustadt bei Coburg ging bezeichnenderweise die zweite bekannte Drehleiter DL 18 auf einem - moderneren - Ford-Fahrgestell vom Typ FK 2500 B. Auch diese Leiter stammt von Metz, sie wurde 1956 geliefert. Bemerkenswert ist die geteilte Frontscheibe, die bei diesen Ford-Modellen nicht üblich war.

Eine Ausnahmeerscheinung blieb auch die Magirus-DL 17 auf diesem Hanomag-Fahrgestell von 1954, Typ L 28. Sie wurde an die FF Greven im Münsterland geliefert. Die Führerhaustüren sind noch hinten angeschlagen. Wenig später wurden derartige Türen, die bei versehentlichem Öffnen während der Fahrt durch den Fahrtwind aufgerissen werden, vom Gesetzgeber untersagt.

Ein weiteres Einzelstück ist diese Metz-Drehleiter DL 25-T, die die Bundeswehr 1958 auf dem geländegängigen Allrad-Fahrgestell Mercedes-Benz LG 315/46 erhielt. Um auch bei geländebedingt stark verschränkt stehendem Fahrzeug einen sicheren Leiterbetrieb zu gewährleisten, waren gegenüber der üblichen Bauart erhebliche Veränderungen an Federfeststellungen und Abstützvorrichtungen nötig. Die Stützen waren einzeln hochklappbar und konnten nach innen eingeschoben werden, so daß sie Bauchfreiheit und Böschungswinkel des Fahrzeuges im Gelände nicht einschränkten. Nach der Aussonderung durch die Bundeswehr war das Fahrzeug noch einige Jahr bei der FF Siegelsbach im Einsatz.

Große Verbreitung fanden ab Ende der 50er Jahre die Gerätewagen GW, die in unterschiedlichen Größenordnungen und mit speziell auf bestimmte Einsatzzwecke zugeschnittenen Ausrüstungen versehen waren. Diese Fahrzeuge können als Vorläufer der heutigen Rüstwagen gelten.

Neuland beschritt ab 1958 die BF in Frankfurt und München mit Fahrzeugen in der Größenordnung der TLF 16, die neben einem Vorrat an Löschwasser auch noch mit Löschpulver ausgerüstet waren. Die zunächst als Trowa (Trocken-Wasser) bezeichneten Fahrzeuge fanden später Eingang bei zahlreichen Feuerwehren und wurden 1971 unter der Bezeichnung TroTLF 16 genormt.

Nachdem es bereits 1957 eine Norm für maschinell betätigte Drehleitern mit Steighöhen von 18, 25, 30, 37, 44 und 55 m sowie außerdem DL 12 und DL 18 mit Handbetrieb gab, fand die Fahrzeugnormung mit der Herausgabe der DIN Löschfahrzeuge - Allgemeine Richtlinien und den zwei Jahre später folgenden zehn Baurichtlinien für LF 8-TSA, LF 8-TS, LF 16-TS, LF 16, LF 32 (davon wurden nur ganz wenige gebaut), TLF 8, TLF 16, TLF 16-T, TSF und TSF-T vorläufig einen gewissen Abschluß. Industrie und Feuerwehren waren somit ab 1961 Vorschriften an die Hand gegeben worden, in deren Rahmen die meisten Feuerwehrfahrzeuge gebaut werden konnten.

Erst Ende der 60er Jahre erfolgte eine vollständige Überarbeitung, und die bisherigen Baurichtlinien wurden durch Normen ersetzt.

Für Drehleitern mit Steighöhen jenseits von 26 m wurden in den 50er Jahren bei Metz- und Magirus schwere Fahrgestelle von Mercedes-Benz und Magirus-Deutz verwendet. Bei Mercedes kam der Typ LF 325/46 in Frage, auf dem die BF Mannheim 1956 diese Metz-Drehleiter DL 30 erhielt. Sie gelangte später zur FF Limburgerhof.

Ein Henschel HS 100 A mit Allradantrieb, der als DL 25-T 1956 bei Metz durch die WF Henschel & Sohn in Kassel beschafft wurde.

Wie schon bei LF 8 und TLF 16, beschritten die Feuerwehren im Saarland auch bei der Beschaffung von Drehleitern teilweise eigene Wege. Zur FF Heusweiler gelangte 1959 diese mechanische DL 18 auf einem urigen Renault-Fahrgestell vom Typ 2168. Der Leiteraufbau stammt von der Firma Moll & Weinmann aus Walsheim/Saar, die auch für kommunale und gewerbliche Zwecke Drehleitern herstellte.

Weit verbreitet waren Magirus-Drehleitern mit 25 m Steighöhe auf dem bekannten Rundhauber-Fahrgestell Magirus-Deutz F Mercur 125. Das abgebildete Fahrzeug der FF Neustadt/Weinstraße, 1954 geliefert, blieb bis in die 90er im Einsatz. Es ist mit einer Vorbau-Seilwinde ausgerüstet, die nicht zur normalen Ausstattung gehört. Das Aufrichten erfolgte bei diesen Leitern durch eine vom Fahrzeugmotor angetriebene Hubspindel, den Auszug bewerkstelligten Stahlseile.

Die BF Essen beschaffte 1956 zwei baugleiche Metz-Drehleitern DL 30 auf Krupp-Fahrgestellen vom Typ Mustang L 8 M 4. Während eines der beiden Fahrzeuge bei einem Unfall in den 70er Jahren schwer beschädigt und anschließend verschrottet wurde - bei einer niedrigen Brückenunterführung war der Leiterpark angestoßen -, überlebte das zweite Fahrzeug, das bis Ende der 70er Jahre im Einsatz war, bei einem Essener Sammler bis heute.

Nur noch wenige Metz-Drehleitern wurden Ende der 50er, Anfang der 60er Jahre auf diesen Fahrgestellen vom Typ LF 321/48 geliefert, zumal diese Bauform wenig später durch die neuen Mercedes-Kurzhauber mit der abgerundeten Motorhaube abgelöst wurde. Eine bereits hydraulisch angetriebene DL 30 von Metz übernahm 1959 die BF Trier, die das Fahrzeug später an die FF Senden im Münsterland veräußerte. Die seitlichen Abstützspindeln wurden, wie an diesem Fahrzeug auch, Ende der 50er Jahre noch von Hand betätigt.

Die Auszugslänge von 32 m der aus der Kriegszeit stammenden GDL hat diese Drehleiter der FF Marburg/Lahn. Als Fahrgestell fand ein Mercedes-Benz L 5000 Verwendung, dessen Form und Technik noch sehr an den Einheits-Typ L 4500 S aus der Kriegszeit erinnert. Das Fahrzeug wurde 1950 ausgeliefert und leistet noch heute in Marburg Reservedienste. Die auffällige Lackierung entstand später in Anlehnung an das in Hessen und anderenorts verbreitete Schema, das einst die BF Dortmund und Frankfurt versuchsweise eingeführt hatten.

Drehleitern mit 37 m Steighöhe waren zwar zeitweise in den Baurichtlinien vorgesehen, blieben aber trotzdem Ausnahmen. Für die BF Pforzheim lieferte Metz 1955 diese DL 37 auf einem mächtigen Fahrgestell Typ LF 315/52 von Mercedes-Benz. Ein baugleiches Fahrzeug war bei der BF Wolfsburg vorhanden.

Ein weiteres Henschel-Fahrgestell vom Typ HS 100 diente Metz zum Aufbau dieser Drehleiter DL 30-T. 1961 erhielt - natürlich - die BF Kassel dieses Fahrzeug. Bemerkenswert sind die halb versenkten Blaulichter auf dem Führerhausdach.

Bei den DL 30-T ließen sich fast immer die serienmäßigen Lkw-Führerhäuser verwenden, nicht nur, wie hier, bei Magirus-Deutz. Besonders dem Haushalt sparsamer Kommunen kam dies zugute, zumal die Fertigung der großen Staffel- und Gruppenkabinen, die außer bei der Feuerwehr kaum Verwendung fanden und nur in kleinen Serien produziert werden konnten, aufwendig und teuer war und auch heute noch ist. Die abgebildete Magirus-DL 30-T (Fahrgestell Magirus-Deutz F Mercur 125) kam 1959 zur FF Flensburg und gehört heute zum DFM in Fulda.

Die erste Nachkriegs-Drehleiter, die die BF Essen 1951 beschaffte, war dieses Fahrzeug. Metz baute die DL 38 auf einem Mustang-Fahrgestell von Krupp, Typ SW L 60. Das Fahrzeug blieb als Einzelstück etwa bis Anfang der 70er Jahre bei der BF Essen, wurde danach einige Jahre von einem Essener Gebäudereinigungs-Unternehmen benutzt und gehört heute einem Sammler aus Oldenburg.

Als erste Metz-Drehleiter, bei der alle Leiterbewegungen vollhydraulisch ausgeführt werden, gilt dieses Fahrzeug, das 1960 an die BF Karlsruhe geliefert wurde. Es handelt sich um eine DL 37h auf einem hauptsächlich für den Export bestimmten Fahrgestell von Mercedes-Benz, Typ LF 331/52. Nach der Ausmusterung erwarb die FF Marktheidenfeld das Fahrzeug.

Ein Unikum ist diese schwere mechanische DL 37 von 1954. Die BF Hannover bestellte die Metz-Drehleiter ausdrücklich auf einem Magirus-Deutz-Fahrgestell vom Typ S 6500. Nach umfangreicher Restaurierung dient sie der BF noch heute als Museumsfahrzeug. Lediglich der ursprünglich angebaute Fahrstuhl ist heute nicht mehr vorhanden.

Wie bei den LF und TLF, so blieben auch Drehleitern auf den Pullman-Fahrgestellen von Mercedes-Benz selten. Häufiger waren sie nur bei der BF Hamburg zu finden, einzelne Exemplare gab es unter anderem bei den Feuerwehren in Hagen, Hamm, Neuß und Neunkirchen im Siegerland. Ehemalige Hamburger Fahrzeuge kamen nach der Aussonderung auch zu anderen Feuerwehren. Noch seltener waren DL 30-T auf den rundlichen Frontlenker-Typen. Drei Fahrzeuge dieses Art besaß die BF Mannheim (Fahrgestell LPF 322/42, Aufbau Metz, Baujahr 1961).

MAN hatte - von einigen wenigen Fahrzeugen einmal abgesehen - bis Mitte der 60er Jahre kaum einen Anteil an Feuerwehrfahrzeugen. Erst mit dem Aufkommen der Bauart 415, 450 usw. verfügte das Unternehmen über geeignete Fahrgestelle für LF 16, TLF 16, DL und GW. Trotzdem fand MAN nur beschränkt Eingang in diesen Markt-Sektor. Eines der wenige frühen MAN-Feuerwehrfahrzeuge ist diese mechanische Drehleiter DL 25, die Metz 1959 auf einem Fahrgestell vom Typ 415 H-DL aufbaute. Über verschiedene Stationen gelangte sie zum Löschzug Langensteinach der FF Karlsbad.

Fremdartig wirkt dieser Berliet GLC für deutsche Verhältnisse. Metz baute 1954 eine kleine Serie von DL 25 auf diesem Fahrgestell für Feuerwehren im Saarland. Das hier gezeigte Fahrzeug kam zur FF Bexbach.

Eigene Wege beschritt das Saarland auch hinsichtlich der Gerätewagen. Hier wurden in kleiner Serie sogenannte Hilfsrüstwagen HRW beschafft. Die Magirus-Deutz-Fahrgestelle besaßen den luftgekühlten Vierzylinder-Deutz-Dieselmotor mit 85 PS und ein voluminöses Führerhaus, das eigentlich für Fernlastwagen (Fahrgestell S 6500) bestimmt war. Der Aufbau stammte von Magirus. Am Fahrzeugheck konnte ein Kranarm zum Heben von Lasten montiert werden; schwenkbare Abstützungen waren ebenfalls vorhanden. Angeblich wurden sieben Exemplare zwischen 1954 und 1956 beschafft. Unter anderem waren sie bei den FF St. Wendel, Ottweiler, Homburg/Saar, Dillingen und St. Ingbert zu finden. Die Abbildung zeigt das Fahrzeug aus St. Ingbert, das 1955 gebaut wurde.

Die BF Salzgitter beschaffte 1955 dieses Fahrzeug, dessen Fabrikschild die Bezeichnung "Rüstwagen" trägt. Dieser Begriff war damals offiziell noch nicht geprägt, da solche Sonderfahrzeuge seinerzeit zumeist Geräte- oder auch Pionierwagen genannt wurden. Der Metz-Aufbau, der offensichtlich von den Omnibus-LF und -TLF abgeleitet ist, entstand auf einem Mercedes-Benz-Fahrgestell vom Typ LAF 3500/42. Das Fahrzeug, das noch in den 80er Jahren bei der FF Salzgitter-Thiede in Dienst stand und mit einer Vorbau-Seilwinde ausgerüstet war, kann als früher Vorläufer der modernen Rüstwagen RW 2 gelten.

Bereits 1953 entstand dieser Gerätewagen GW (3) von Metz. Ein Teil der Mannschaftskabine befindet sich abgetrennt vom Führerhaus im Aufbau. Das Mercedes-Benz-Fahrgestell ist vom Typ L 6600. Das gewaltige Fahrzeug gehört zum Bestand des Werksmuseums der Mercedes-Benz AG.

1962, also zu einer Zeit, als die Eckhauber von Magirus-Deutz bereits lieferbar waren, erhielt die BF Mülheim/Ruhr diesen Rundhauber vom Typ F Mercur 145 A, dessen Aufbau (GW 2) von Magirus stammt. Das Fahrzeug sollte ursprünglich auf der Feuerwehr-Fachmesse Interschutz 1961 in Köln gezeigt werden, wurde aber nicht rechtzeitig fertig, so daß dort ein baugleiches Fahrzeug der FF Ahlen/W. vom Typ F Mercur 125 A gezeigt werden mußte. Der Wagen, ein Vorläufer der heutigen RW 2, wurde 1982 ausgemustert und ist heute "Pflegekind" des Verfassers. Die Staukästen auf dem Dach wurden übrigens erst nachträglich montiert, ebenso ein Notstromaggregat und ein Lichtmast am Heck.

Nur wenige Feuerwehren beschafften in den 50er Jahren bereits Kranwagen. Etwas weiter verbreitet waren dagegen die Rüstkranwagen von Metz und Magirus. Die BF Mülheim/R. beschaffte 1956 diesen Gittermast-Kranwagen KW 15 mit Ardelt-Aufbau auf einem Sonderfahrgestell vom Typ Krupp Drache AK 8 Dr 4. Über ein ähnliches Fahrzeug verfügte die benachbarte BF Essen. Nach der Aussonderung kam das Mülheimer Fahrzeug zum DFM nach Fulda.

Pionierwagen nannte Magirus seine schweren Gerätewagen auf dem Magirus-Deutz-Fahrgestell vom Typ S 6500, von denen u.a. zwei nicht identische Fahrzeuge 1955 und 1957 an die BF München geliefert wurden. Das ältere Fahrzeug kam später zur FF Schwabach und nach seiner endgültigen Ausmusterung zu einem Sammler nach Essen. An beide Wagen konnte ein während der Fahrt zusammengelegter Kranarm heckseitig installiert werden.

1960 erhielt die BF Essen ihren zweiten Kranwagen. Gewählt wurde wieder ein Krupp-Fahrgestell, und zwar ein moderner Frontlenker vom Typ LF 301 mit Krupp-Zweitakt-Dieselmotor (145 PS). Den Kran-Aufbau steuerte die Firma Kirsten bei. Das Fahrzeug wurde Anfang der 80er Jahre verschrottet.

Wahrhaft gigantische Ausmaße für die damalige Zeit hatte der Kranwagen, den die BF Mannheim 1963 beschaffte. Nachdem dort bereits ein ganz ähnlicher Kran mit drei Achsen und geringerer Tragfähigkeit in Dienst stand, beschaffte die BF diesen Vierachser mit zwei gelenkten Vorderachsen von Faun, Typ LK 1212/18. Der teleskopierbare Kran von Krupp-Ardelt kann maximal 15 t heben. Auch heute (1993) ist das Fahrzeug noch im Einsatz.

Für wenige Feuerwehrfahrzeuge verwendete Magirus das Fahrgestell S 6000, das als Übergangslösung bis zum Erscheinen des Fahrgestells S 6500 angesehen werden kann. Der S 6000 hatte noch nicht die klassische Rundhaube und den niedrig bauenden V8-Dieselmotor mit 170 PS, sondern einen Reihen-Sechszylinder mit 125 PS, weshalb die Motorhaube höher gestaltet werden mußte. Aufgebaut wurden auf dieses Fahrgestell drei Rüstkranwagen RKW 7 für das Saarland sowie mindestens zwei Drehleitern (BF Heilbronn und Koblenz). Die RKW kamen 1952 zu den FF Völklingen, Neunkirchen/Saar und Saarlouis. Sie standen noch in den 80er Jahren in Dienst, ehe sie alle drei an Sammler veräußert wurden. Ab 1953 erhielten die RKW 7 dann Fahrgestelle vom Typ S 6500 mit der runden Motorhaube; die Aufbauten blieben unverändert. Die Aufnahme zeigt das Fahrzeug der FF Saarlouis.

Während Magirus den KW 15, später den KW 16 anbot (vgl. Bild rechts), hatte Metz eigene Kran-Aufbauten für Mercedes-Fahrgestelle im Programm. Die BF Fürth erhielt 1959 diesen KW 15 von Metz auf einem Mercedes-Export-Fahrgestell vom Typ LA 331/46. Als nachteilig erwies sich bei derartigen Fahrzeugen, daß der Kranausleger nicht teleskopierbar war. Am günstigsten waren die Arbeitsbedingungen, wenn der Ausleger nach hinten gerichtet war. Dann war es auch möglich, das Fahrzeug mit herabgelassenen Stützrollen unter Last langsam zu verfahren.

Metz bot, genau wie Magirus, auch Rüstkranwagen RKW 7 und RKW 10 an. Meistens wurden hier, wie üblich, schwere Fahrgestelle von Mercedes-Benz verwendet. Für die Nürnberger Berufsfeuerwehr war es jedoch ausnahmsweise ein MAN, und zwar vom Typ 758 L 1. Dieser RKW 10 wurde 1955 geliefert und war bis 1978 im Einsatz. Danach fristete er jahrelang unbenutzt sein Dasein bei einem Schrotthändler, ehe er von einem Sammler vor dem endgültigen Verfall gerettet wurde.

1956 stellte Magirus den ersten reinen Feuerwehr-Kranwagen vor. Dieser KW 15 auf einem schweren Eckhauber-Fahrgestell vom Typ Uranus 250 A (später FM 250D25 A) hatte bereits hydraulischen Kranantrieb. Der Ausleger war einfach ausziehbar, um die Reichweite zu vergrößern. Geliefert wurde der erste KW 15 an die BF Stuttgart. Ab 1959 lautete die Bezeichnung KW 16. Die Magirus-Kranwagen waren recht erfolgreich. Derartige Fahrzeuge wurden u.a. an die BF München, Berlin, Stuttgart, Duisburg, Dortmund, Bremerhaven, Bochum, Heilbronn, Remscheid, Wiesbaden, Gelsenkirchen, Karlsruhe, Saarbrücken und Kassel geliefert, wo sie zum Teil heute noch vorhanden sind. Viele wurden auch später an Freiwillige Feuerwehren verkauft. Abgebildet ist hier der KW 16 der BF Remscheid, der 1962 geliefert wurde.

Zwar versuchte Metz, vom "Kuchen des Kranwagen-Marktes" ein Stück zu bekommen, hatte jedoch damit kaum Erfolg. Als einziges mit den Magirus-Produkten vergleichbares Fahrzeug erhielt die BF Ludwigshafen diesen KW 15, der 1959 ausgeliefert wurde. Das Sonderfahrgestell von Mercedes-Benz trug die Typenbezeichnung Typ LA 315 S und war das schwerste, was die Schwaben zu bieten hatten. Es war in erster Linie für den Export bestimmt. Die Außerdienststellung des KW 15 erfolgte etwa 1973, anschließend war das Fahrzeug noch über Jahre hinweg bei der FF Montabaur eingesetzt, wo es vor allem für Unfall-Bergungsaufgaben auf der Autobahn Köln - Frankfurt eingesetzt wurde. Seit Ende der 70er Jahre gehört das mächtige Einzelstück einem Fahrzeug-Liebhaber.

Ein Unikum ist auch dieses Fahrzeug. Die BF Dortmund beauftragte Anfang der 60er Jahre die Fa. Meyer-Hagen mit dem Bau eines GW-Wasserrettung. Als Basis diente ein Magirus-Deutz-Fahrgestell vom Typ Mercur 125 A. Der Aufbau des seltsam anmutenden Kofferwagens war vom Fahrzeug-Heck aus begehbar und hatte Stehhöhe. Im Inneren waren Gerätefächer und Schränke für Taucherausrüstungen und entsprechendes Zubehör eingebaut. Die Feuerwehr-Taucher konnten sich im Fahrzeug relativ bequem umziehen. Der Wagen führte im Einsatzfall einen Bootsanhänger mit sich, falls notwendig. Im Zeitalter der Wechselaufbauten wurde das Fahrzeug in den 80er Jahren durch einen Container ersetzt.

Um Mannschaften und leichtes Gerät transportieren zu können, besitzen die meisten Feuerwehren Fahrzeuge wie diesen VW-Bus. Das Einsatzspektrum derartiger Wagen ist breit gestreut. Sie können nicht nur zum Transport von Einsatzkräften dienen, sondern ein Gerätewart kann sie beispielsweise benutzen, um dienstliche Besorgungen damit erledigen. Zwar werden die Fahrzeuge zumeist als MTW bezeichnet, der Begriff "Mehrzweckfahrzeug" trifft jedoch eher den Kern. Im Bild ein serienmäßiger VW-Bus Typ 2 von 1957 der FF Hohensachsen, einer Abteilung der FF Weinheim.

Eine Klasse über dem VW-Bus ist dieser Borgward B 1500 F der FF Kempten/Allgäu aus dem Stadtteil St. Mang angesiedelt. Entsprechend seiner Größe verfügt er über eine höhere Nutzlast, so daß im Laderaum auch größere Geräte transportiert werden können, wenn die Sitzbänke demontiert sind. Auch dieses Fahrzeug entspricht der serienmäßigen Ausstattung; es wurde 1959 gebaut.

Sogar Omnibusse nennen manche große Feuerwehren ihr Eigen. Eine größere Zahl von Einsatzkräften läßt sich damit transportieren, beispielsweise zum Heranführen frischer Kräfte bei Großeinsätzen. Sie eignen sich aber auch, um z.B. Bewohnern eines evakuierten Hauses kurzfristig einen trockenen und warmen Aufenthalt zu ermöglichen. Schließlich werden sie gerne benutzt, um einen etwa vorhandenen Feuerwehr-Musikzug zu auswärtigen Gastspielen bringen zu können. Der hier gezeigte Kässbohrer Setra vom Typ S 9, Baujahr 1960, gehörte ebenfalls der FF Kempten/Allgäu.

Bei größeren Feuerwehren fehlt zumeist auch ein Versorgungs-Lkw nicht im Bestand. Sie eignen sich zum Abtransport benutzter Schläuche und Geräte ebenso wie zum Heranführen von Sandsäcken bei Hochwassergefahren, um nur einige Beispiele zu nennen. Gerne benutzen die Feuerwehren auch Kipper, mit denen Sand oder Brandschutt transportiert werden kann. Die BF Saarbrücken setzte diesen Magirus-Deutz Sirius 90 L von 1960 als derartigen Versorgungs-Lkw ein.

Über ein ähnliches Fahrzeug mit Pritsche und Plane verfügte die FF Hof/Saale. Es wurde 1984 in Eigenarbeit auf einem früheren Drehleiter-Fahrgestell vom Typ Mercedes-Benz LF 3500/42, Baujahr 1952, erstellt, wobei die Metz-Kabine erhalten blieb. Auf diese Weise können nicht nur Geräte, sondern auch Personal transportiert werden.

Ländliche Feuerwehren greifen gerne auf die Möglichkeit zurück, ausgesonderte Fahrzeuge aus Polizei-, Grenzschutz-, Katastrophenschutz- oder Bundeswehrbeständen preiswert zu erwerben und für eigene Zwecke umzurüsten. Der Löschzug Mehle der FF Elze legte sich z.B. einen ausgedienten Borgward-Kübelwagen (Fahrgestell Typ B 2000 A-O-0,75 t) zu. Er dient, entsprechend umlackiert, der Feuerwehr heute als geländegängiger Mannschaftswagen.

Über diese Rarität verfügt noch heute die FF Gersfeld/Rhön: Es handelt sich um ein Kettenkraftrad HK 101, auch Kettenkrad genannt, das 1941 bei der Deutschen Wehrmacht in Dienst gestellt wurde. Das 1.235 kg schwere Gefährt, bei NSU gebaut und mit einem Opel-Pkw-Motor ausgerüstet, stellte sich die Feuerwehr nach dem Krieg beiseite. Es leistete in den oft unwegsamen Bergen der Rhön gute Dienste als zugkräftiges Schleppfahrzeug und flinkes Melder-Krad. Der Umgang damit will allerdings gelernt sein: Die Lenkung ist gewöhnungsbedürftig und in Schräglagen neigt das Kettenkrad leicht zum Kippen.

Für Melder- und Erkundungsdienste sind Motorräder besonders geeignet. Einige Feuerwehren verfügen daher auch über solche Fahrzeuge. Das DKW-Kraftrad Typ RT 175 der FF Kelkheim/Taunus, Lz. Hornau, verfügt sogar über eine Rundum-Kennleuchte über dem Scheinwerfer. Sie ist nach hinten abgeblendet, um den Fahrer im Einsatz nicht zu stören. Das Krad wurde 1954 gebaut. Gerne griffen die Feuerwehren in der Vergangenheit auch auf gebrauchte BMW-Polizei-Kräder zurück.

Für Einsatzleiter, Dienststellenleiter oder auch für die Beamten des vorbeugenden Brandschutzes standen bei den Feuerwehren schon früh Personenkraftwagen zur Verfügung. Die Größenordnungen reichten schon früher, und daran hat sich bis heute nicht viel geändert, vom repräsentativen Oberklasse-Fahrzeug bis zum einfachen Kleinwagen. Zwischen Lloyd und Mercedes war so ziemlich alles denkbar, was Räder hatte. Stellvertretend sollen hier nur zwei Fahrzeuge gezeigt werden: Das eine ist der VW Käfer, der sich wegen seiner Zuverlässigkeit besonderer Beliebtheit erfreute. Bis in die heutige Zeit findet man ihn noch vereinzelt bei Feuerwehren. Das Bild zeigt ein Exemplar der Bottroper Feuerwehr, das sogar über ein Schiebedach verfügt.

Bei dem zweiten hier stellvertretend für viele weitere Marken und Typen gezeigten Pkw handelt es sich um einen luxuriösen BMW Typ 502 der BF München von 1959. Das Fahrzeug diente zeitweise als Chefwagen und war grau lackiert. Es kam später als Kommandowagen in den Einsatzdienst und erhielt eine Lackierung in rot und weiß. Die BF München verfügte über mehrere Fahrzeug dieser Art. Daß dort Pkw der Hausmarke BMW bevorzugt wurden und auch heute noch werden, versteht sich von selbst. Inzwischen gehört der wunderschöne Wagen zum Museumsbestand der BF München.

# Von 1962 bis zur Gegenwart

Ausgehend vom allgemeinen Lkw-Bau setzte Ende der 50er, Anfang der 60er Jahre eine Entwicklung ein, die auch für die Feuerwehren von Bedeutung war. Einschneidende gesetzliche Bestimmungen über die zulässigen Maße und Gewichte bei Lkw (Seebohm'sche Gesetze) ließen die Industrie mehr und mehr Abstand von der herkömmlichen Bauweise mit vorgebauter Motorhaube nehmen. Das Bauprinzip des Frontlenkers hatte sich durchgesetzt, auch wenn in den leichteren Gewichtsklassen und insbesondere auch bei Kippern sich gewissermaßen als Mittelding die sogenannten Kurzhauber bis in die heutigen Tage halten konnten. Bei den Feuerwehrfahrzeugen jedenfalls waren schon Anfang der 60er Jahre die Tage der langen Motorhauben gezählt. Lediglich die Kurzhauber, namentlich von Mercedes und MAN, hielten sich noch eine gewisse Zeit, bis auch hier die Produktion zugunsten der Frontlenker eingestellt wurde.

Ab 1967 ersetzte Magirus in seinem Feuerwehr-Lieferprogramm die Haubenfahrzeuge konsequent durch Frontlenker. Bis auf wenige Ausnahmen waren danach nur noch Frontlenker lieferbar, sieht man von Fahrzeugen für den Export einmal ab. Mercedes mußte sich noch bis in die Mitte der 70er Jahre mit den Kurzhaubern behelfen, die erstmals Ende der 50er Jahre vom Band liefen.

Mit den mittelschweren Kastenwagen der LT-Baureihe eröffnete sich Volkswagen 1975 einen Marktanteil in der Klasse über dem bewährten "Bulli". Die FF Attendorn (Lz. Windhausen) erhielt 1978 diesen VW LT 31 als TSF mit Ziegler-Aufbau.

Nachfolger der rundlichen Mercedes-Benz L 319 (später u.a. L 407 bezeichnet) wurde der Typ L 406 (D )/ L 408 (D), intern auch T2 oder, nach seinem Herstellungsort "Düsseldorfer" genannt. Es gab ihn mit unterschiedlichen Motoren und mit größerer Zuladungsmöglichkeit, z.B. als L 508 D oder L 608 D. Alle bekannten Aufbauhersteller benutzen T2-Fahrgestelle als Basis für LF 8, anfangs noch mit seitlich angeschlagenen Aufbau-Türen, später auch mit nach oben öffnenden Falt-Türen oder mit Jalousien aus Alu. Die Löschgruppe Neu-Listernohl der FF Attendorn erhielt ein solches Fahrzeug mit Frontpumpe 1973 von Ziegler (Fahrgestell Mercedes-Benz L 408).

Nachfolger des Opel Blitz 1,75t wurde ab 1960 der 1,9 t (später 2 t), der allerdings hinsichtlich der abgesetzten Stückzahlen an seinen Vorgänger nicht mehr anknüpfen konnte: Die Konkurrenz anderer Firmen, vor allem von Mercedes-Benz, war zu stark. Dennoch setzen viele Feuerwehren auf derartige Fahrzeuge, die auch bei Magirus und den meisten anderen Herstellern im Programm standen. Die Karosserie-Aufbauten stammten durchweg von Voll/Würzburg, nur die Einbauten übernahmen die einschlägigen Feuerwehr-Spezialisten. Der abgebildete Wagen lief ab 1965 beim "Feuerlöschverband Loppersum" im Ostfriesland. Ausbau und Frontpumpe dieses Fahrzeuges mit Heckbeladung stammen von Bachert.

Ende der 60er Jahre stellte Magirus-Deutz seine neue Frontlenker-Generation vor, die sich mit geringen Veränderungen bis in die 80er Jahre hielt. Mit diesen Fahrgestellen wurde es Magirus auch möglich, serienmäßig schwere LF 8 auf eigenen Fahrgestellen anzubieten, die es zuvor nur in wenigen Ausnahmefällen gegeben hatte. Anfangs verfügten die Fahrzeuge noch über die üblichen Türen am Aufbau, die aber bald durch Jalousien verdrängt wurden. Die FF Kalkar am Niederrhein erhielt 1974 das abgebildete schwere LF 8 auf einem Fahrgestell vom Typ Magirus-Deutz FM 120D7FA mit Einzelbereifung, Aufbau Magirus.

Auch TLF 8 lieferte Magirus auf leichten Frontlenker-Fahrgestellen. Hier ein TLF 8/16-2 mit Magirus-Aufbau auf einem Fahrgestell vom Typ Magirus-Deutz FM 110D7 FA. Im Normalfall werden 1.800 l Wasser beim TLF 8 mitgeführt, dieses verfügt jedoch nur über 1.600 l, transportiert aber dafür zusätzlich 200 l Schaummittel. Das 1972 gebaute Fahrzeug gehört der WF Rheinische Braunkohlenwerke AG und ist im Tagebau Frimmersdorf/Garzweiler stationiert.

Anfang 1965 stellte Mercedes-Benz die neue LP-Baureihe vor, einen Leichtlastwagen, der auch für verschiedene Feuerwehraufbauten (LF 8, TLF 8, leichte DL, GW u.a.) in Betracht kam. Mit kleineren Veränderungen - die Scheinwerfer rutschten u.a. später in die Stoßstangen - gab es diese Baureihe mit einer Vielzahl von Varianten bis 1984. Metz baute dieses LF 8 mit Frontpumpe und nach oben öffnenden Falttüren 1974 für die FF Sulzbach im Saarland auf einem Fahrgestell vom Typ LPKF 808/32. Bemerkenswert ist an dem Fahrzeug, daß 1.000 l Löschwasser mitgeführt werden, was nicht der damaligen Norm entspricht. Heute sind solche "LF 8 Wasser" wieder aktuell. Die korrekte Bezeichnung dieses Fahrzeuges muß eigentlich LF 8/10 lauten.

Die ursprünglich hauptsächlich in Niedersachsen anzutreffenden TLF 8, häufig dort auch "Waldbrand-TLF" genannt, fanden in den 80er Jahren in allen Bundesländern größere Verbreitung. In erster Linie waren Unimog-Fahrgestelle von Mercedes-Benz gefragt, aber auch Magirus-Deutz bzw. Iveco-Magirus und MAN-VW konnten Marktanteile erobern. In der Verbandsgemeinde Freinsheim, Lz. Weisenheim am Berg, steht dieses TLF 8/18 von Metz seit 1986 in Dienst. Das Fahrgestell ist eine Gemeinschaftsproduktion von MAN und VW und führt die Bezeichnung MAN-VW 8.136 FAE.

Von den frühen 60er bis in die Mitte der 70er Jahre standen von Mercedes-Benz hauptsächlich die Kurzhauber-Fahrgestelle mit Straßen- und Allradantrieb für Feuerwehr-Aufbauten zur Verfügung (für LF, TLF, DL, RW und eine Vielzahl von Sonderfahrzeugen). Ihr Äußeres veränderten sie im Laufe der Jahre nur leicht (z. B. höhere Windschutzscheiben, andere Frontgitterformen). Alle bekannten Hersteller boten entsprechende Aufbauten an. Von Heines/Wuppertal stammt dieses LF 16, das seit 1970 bei der FF Brühl in Dienst steht. Der Aufbau ist noch mit herkömmlichen Türen versehen.

Um steigenden Anforderungen durch wachsende Gefahrenpotentiale bei sinkendem Personalbestand gleichermaßen begegnen zu können, stellten einige Feuerwehren (z.B. Frankfurt/M, Ludwigshafen, Duisburg, Gelsenkirchen, Stuttgart) ab Ende der 60er Jahre Versuche mit völlig neu konzipierten Sonderfahrzeugen an. Von Bachert ließ sich die BF Duisburg ab Ende der 60er Jahre Hilfeleistungs-Löschfahrzeuge auf dem schweren Mercedes-Benz-Fahrgestell vom Typ LP 1923/46, später LP 1924/46 bauen. Der abgebildete Prototyp von 1969 transportiert bei einer Besatzung von 1+8 u.a. 2.000 l Wasser (bei späteren 2.500 l), 500 l Mehrbereichsschaummittel, Stromerzeuger, Lichtmast, Trenn-, Schweiß- und Brechwerkzeuge sowie hydraulische Rettungs- und Hebegeräte. Eine Seilwinde ist eingebaut. Die Pumpe leistet 3.200 l/min bei 8 bar. Drei dieser Fahrzeuge wurden beschafft.

Eigene Wege beschritt auch die BF Berlin in den 70er Jahren. Auf MAN-Fahrgestellen wurden zwei Versuchsfahrzeuge mit "Omnibus-Türen" in Dienst gestellt. Bei dem einen Fahrzeug handelte es sich um einen Vorläufer der heutigen Hilfeleistungs-Löschfahrzeug (HLF, in Berlin Lösch-Hilfeleistungsfahrzeuge LHF genannt), das andere, hier abgebildete war ein Sonder-Tanklöschfahrzeug TLF 24/16-3, das 1978 in Dienst gestellt wurde. Bei beiden Wagen wurden MAN-Fahrgestelle mit Automatic-Getrieben vom Typ 11.168 HA-LF verwendet. Die Kabinen-Ausführungen bewährten sich nicht und wurden nicht weiter verfolgt.

Allradantrieb und Frontpumpe sowie ein Fahrgestell mit 4,2 m Radstand - über diese Baumerkmale verfügt das LF 16-TS der FF Gaggenau. Das Mercedes-Benz-Fahrgestell ist vom Typ LAF 322/42, den Aufbau lieferte Metz 1963. Diese älteste Ausführung des Kurzhaubers hat noch die niedrige Windschutzscheibe.

An der Form der ab Mitte der 50er Jahre lieferbaren Aufbauten für LF und TLF änderte Magirus auch während der Eckhauber-Fahrzeuggeneration nur wenig, abgesehen von notwendigen Anpassungen (z.B. an den Radkasten-Ausschnitten). Die FF Siegburg erhielt 1967 dieses Magirus-LF 16 mit Vorbau-Seilwinde auf einem Magirus-Deutz-Fahrgestell des Typs FM 150D10 A.

An die BF Berlin geliefert wurde 1962 dieses LF 16 auf einem MAN-Straßenfahrgestell (4x2) vom Typ 415 L 1 H-LF. Für die BF Berlin waren lange Zeit nicht nur diese MAN-Fahrgestelle charakteristisch, sondern auch Aufbauten des Berliner Herstellers Glasenapp, dessen Konstruktionen sich eindeutig an Metz-Vorlagen orientierten und der auch Pumpen von Metz installierte. Nach der Aussonderung kam dieses Fahrzeug nach Niedersachsen zur FF Pattensen.

Zwar verfügten die Schwaben über moderne, mittelschwere Frontlenker, die Fahrgestelle entsprachen jedoch nicht in allen Punkten den Norm-Anforderungen. So fehlte zum Beispiel eine Ausführung mit Allradantrieb. Nur einige wenige Feuerwehraufbauten wurden auf diesen Frontlenkern montiert, zumeist liefen sie als nicht genormte Fahrzeuge bei Werkfeuerwehren. Auch der dritte große deutsche Lkw-Hersteller, die Maschinenfabrik Augsburg-Nürnberg (MAN), verfügte zwar über Frontlenker in unterschiedlichen Gewichtsklassen, diese fanden jedoch keinen Eingang bei den Feuerwehren. Regional begrenzt erfreuen sich die MAN-Kurzhauber jedoch in einigen Städten und Landstrichen großer Beliebtheit. Ende der 80er Jahre erlangten MAN - Feuerwehrfahrzeuge, jetzt natürlich als Frontlenker, größere Verbreitung.

Zurück zu den 60er Jahren, wo sich in der Mitte dieses Jahrzehnts die Weiterentwicklung bei den Hubrettungsfahrzeugen bemerkbar machte. Hydraulik und Elektronik eroberten zunehmend das Feld, so daß Magirus 1965 die erste Leiter mit hydraulischer Schrägabstützung, die die bisherige Abstützung mit senkrechten, von Hand bedienten Spindeln ablöste, vorstellen konnte. Im gleichen Jahr stellte die BF Stuttgart als erste deutsche Feuerwehr einen Gelenkmast als Hubrettungsfahrzeug in Dienst. Derartige Fahrzeuge waren u.a. in den USA und Skandinavien bereits bewährt und verbreitet. Ein Jahr später lieferte Magirus eine sogenannte Leiterbühne LB

Ein moderneres Hauben-Fahrgestell von MAN mit Allradantrieb zeigt diese Aufnahme. Es handelt sich um den Typ 11.192 HA-LF. Das LF 16-TS hat, wie üblich, anstatt des beim LF 16 vorhandenen Löschwassertanks eine eingeschobene TS 8/8. Das hier vorgestellte Fahrzeug kam 1976 zur FF Triberg und besitzt einen Ziegler-Aufbau.

Neue Wege beschritt auch die BF Frankfurt bei ihren Löschfahrzeugen. Nach einer Erprobungsphase beschaffte sie ab Anfang der 80er Jahre HLF 16 mit Aufbauten und Hochdruck-Feuerlöschpumpen der österreichischen Firma Rosenbauer. Kamen zunächst auch noch Fahrzeuge auf Fahrgestellen von Magirus-Deutz zum Einsatz (FM 192D11 FA), so waren es später ausschließlich solche von Mercedes-Benz. Das abgebildete Fahrzeug wurde 1982 in Dienst gestellt, und zwar mit der damals noch neuen, inzwischen für Frankfurt typischen Lackierung und Beschriftung.

Ein mittelschweres Trockenlöschfahrzeug TroLF 2000 zeigt diese Aufnahme. Aufbau und Pulverlöschanlage mit 2.000 kg Trockenlöschpulver stammen von Total/Ladenburg. 1968 erhielt die WF des Flughafens Saarbrücken das Fahrzeug auf einem Allrad-Fahrgestell von Mercedes-Benz, Typ LAF 1113/36.

Während die bisherige Norm für die Löschgruppenfahrzeuge LF 16 1991 zurückgezogen wurde, trat im Anschluß daran eine neue in Kraft: Nach diesen Richtlinien beschaffte Fahrzeuge tragen die Bezeichnung LF 16/12. Vorgeschrieben ist seither auch ein im Fahrzeug mitgeführter Stromerzeuger sowie ein teleskopierbarer Lichtmast zur Ausleuchtung von Einsatzstellen. Über eines dieser neuen LF 16/12 verfügt die BF Mönchengladbach seit 1992. Verwendet wurde ein Fahrgestell von Mercedes-Benz, Typ 1222/36 AF, der Aufbau stammt von Metz.

Nach eigenen Vorstellungen entwickelte Löschfahrzeug ließ auch die BF Stuttgart in den späten 70er Jahren bauen, nachdem ähnlich ausgestattete Fahrzeuge bereits getestet worden waren. Verwendet wurde nun ein 16-t-Fahrgestell mit 320 PS von Mercedes-Benz, Typ 1632/45 F. Der hintere Teil der Kabine ist entgegen den Normvorschriften nur über einem Faltenbalg mit dem serienmäßigen Fahrerhaus verbunden. Mitgeführt wird u.a eine umfangreiche Hilfeleistungsausrüstung. Die Bachert-Feuerlöschpumpe ist vom Typ FP 38/10, der Löschmittelvorrat beträgt 2.400 l Wasser und 250 l Schaummittel; zutreffend wäre daher die Bezeichnung H-LF 38/24-2,5, in Stuttgart werden die Fahrzeuge - sechs dieses Typs wurden beschafft - jedoch LF 24 genannt.

Bei der Berliner Feuerwehr setzt man seit den 80er Jahren auf Fahrzeuge besonders niedriger Bauart, und zwar sowohl bei den HLF (in Berlin LHF genannt) als auch bei den Drehleitern. MAN- und Mercedes-Benz-Fahrgestelle kommen hier gleichermaßen zum Zuge. Abgebildet ist ein Mercedes-Benz Typ 1222/36 AF als LHF 16 mit Bachert-Aufbau von 1986.

Über ein genormtes LF 24 verfügt die FF Grevenbroich. Das Fahrzeug auf einem Fahrgestell mit 4x2-Antrieb von Mercedes-Benz, Typ 1625/45 F, stammt von Ziegler. Geliefert wurde es 1988.

Bis Mitte der 70er Jahre hatte Mercedes-Benz kein modernes Frontlenker-Fahrgestell, das ohne Einschränkungen für den Aufbau von Feuerwehrfahrzeugen geeignet gewesen wäre. Vereinzelt wurden noch Fahrzeuge auf dem LP-Fahrgestell aus den 50er Jahren bis Ende der 60er Jahre aufgebaut. Die moderne, kantige LP-Baureihe fand nur ausnahmsweise Verwendung. Die BF Mannheim beschaffte 1969 dieses TLF 16 mit Bachert-Aufbau auf dem äußerlich nicht mehr zeitgemäß wirkenden alten Typ LPKo 1113/36. Die Form des Bachert-Aufbaus entsprach optisch auch der der 50er Jahre.

Unverkennbar ist an diesem Fahrzeug, daß Magirus wiederum den vom Rundhauber stammenden Aufbau einschließlich der Mannschaftskabine übernommen hat. Dieses TLF 16 kam 1963 zur FF Kirchhundem im Kreis Olpe. Es trug auch in den 80er Jahren noch die Lackierung mit den schwarz abgesetzten Stoßstangen und Kotflügeln.

Die bereits erwähnten TroTLF 16, bei denen die drei Löschmittel Wasser, Pulver und Schaum (in Kanistern) gleichzeitig verfügbar sind, fanden in den 60er Jahren größere Verbreitung, sowohl bei Freiwilligen wie auch bei Berufsfeuerwehren. Seit 1991 existiert die Norm für diese Fahrzeuge allerdings nicht mehr, zumal in den 80er Jahren nur noch wenige dieser Kombinationsfahrzeuge beschafft worden waren. Die Werkfeuerwehr der Hannoverschen Continental AG stellte 1979/80 dieses TroTLF 16 mit Aufbau von Arve/Springe auf einem MAN-4x2-Fahrgestell vom Typ 11.168 H-LF in Dienst. Die Pulverlöschanlage im Aufbau stammt von Minimax. 1980 wurde das Fahrzeug auf der Messe "Interschutz" in Hannover ausgestellt.

Die kompakten Tanklöschfahrzeuge TLF 16-T erfreuen sich besonders bei Einsätzen in unwegsamem Gelände einiger Beliebtheit. Sie wurden zumeist mit Allradantrieb ausgeliefert, es gab aber auch Exemplare in der 4x2-Version. Verbreitet waren Fahrgestelle von Mercedes-Benz und Magirus-Deutz, selten waren solche von MAN. In Nordheim beschaffte die FF 1963 dieses TLF 16-T mit Metz-Aufbau auf einem Mercedes-Fahrgestell des Typs LAF 322/36.

30 an die innovationsfreudige BF Frankfurt/M. aus. An der Leiterspitze befand sich ein parallelgeführter Rettungskorb, von dem aus auch die Leiterbewegungen gesteuert werden konnten. 1967 bot Metz erstmals eine DL mit an der Leiterspitze stehendem Rettungskorb an; die Körbe an den Magirus-Leitern waren damals schon, wie auch bei neueren Fahrzeugen, hängend.

1968 schien auch die Stunde der lästigen Drehtüren an den Fahrzeugaufbauten endlich geschlagen zu haben. Während Metz in diesem Jahr auf Falttüren und Ziegler auf Schwingtüren, die nach oben öffnen, setzten, stellten Magirus und Bachert fast gleichzeitig Lamellenverschlüsse vor, die wie Jalousien den Aufbau verschließen und ungehinderten Zugriff auf die Gerätschaften ermöglichen. Nach einer Übergangszeit verschwanden die genannten Falt- und Schwingtüren bald wieder vom Markt.

Nachdem schon in den 60er Jahren der Ruf nach größerer Auffälligkeit der Feuerwehrfahrzeuge im Straßenverkehr laut geworden war, gingen einige Feuerwehren (Dortmund und Frankfurt/M.) dazu über, das bisherige Lackierungsschema (rot mit scharzen Kotflügeln/Stoßstangen) durch weiße Flächen und Streifen aufzulokkern. Außerdem begannen sich weiße Kotflügel und Stoßstangen durchzusetzen. Ende der 60er Jahre bot die Industrie erstmals sogenannte Tagesleuchtfarbe an, die für Feuerwehrfahrzeuge geeignet war. Die Feuerwehren Köln, Düsseldorf und Hilden bestellten daraufhin der-

Die Werkfeuerwehren der Chemie-Konzerne verfügen über eine Vielzahl von Sonderfahrzeugen, die auf die jeweiligen Anforderungen zugeschnitten sind. Dies trifft insbesondere auch auf die BASF zu, die schon Anfang der 60er Jahre besonders große Fahrzeuge beschaffte. Eines dieser Sonderfahrzeuge ist das Rüst-Löschfahrzeug R-LF 32/42, Das Fahrgestell ist vom Typ LF 338/42, der Aufbau stammt von Metz. Geliefert wurde das Fahrzeug 1963.

Vor allem zur Brandbekämpfung bei Verkehrsunfällen, vornehmlich auf Autobahnen, sind die schweren TLF 24/50 gedacht, die neben 5.000 l Wasser auch noch 500 l Schaummittel mit sich führen. Die Fahrzeuge wurden in den 70er Jahren genormt und nach den neuesten Vorschriften leicht modifiziert und in TLF 24/48 umbenannt. Mercedes-Benz lieferte das Fahrgestell vom Typ 1626/38 AF für dieses TLF 24/50 von Schlingmann, das 1976 an die FF Bad Salzuflen geliefert wurde.

Zwei Druckbehälter mit je 3.000 kg Löschpulver transportiert dieser MAN vom Typ 24.362 DF mit Automatikgetriebe und Schleppachse. Rosenbauer lieferte den Aufbau für dieses TroLF 6000, das - abgesehen von Flughafen-TroLF - zu den größten seiner Art zählt. Das Fahrzeug kam 1990 zur WF BASF nach Ludwigshafen.

Nur wenige Feuerwehren setzten Mitte der 60er Jahre auf MAN-Fahrzeuge. Bei der FF Kleve am Niederrhein, Lz. Materborn, sind diese beiden Wagen, ein TLF 16/Bachert und eine hydraulische DL 18 von Metz, im Einsatz. Das TLF besitzt ein Allrad-Fahrgestell vom Typ 415 HA-LF, während die Drehleiter ein entsprechendes Straßenfahrgestell (415 H-DL) besitzt. Die beiden Fahrzeuge wurden 1964 bzw. 1966 geliefert. Bemerkenswert ist, daß die DL über eine große Kabine verfügt (1+5 Mann).

Die innovationsfreudige BF Frankfurt testete in den 70er Jahren zwei Fahrzeuge (HLF und TroTLF) mit Schiebetüren der Fa. Baumgärtner an den Mannschaftskabinen. Beide Fahrzeuge erhielten das Magirus-Deutz-Fahrgestell vom Typ FM 170D11 FA, beide wurden 1972 von Magirus aufgebaut. Im Bild ist hier das TroTLF 16 zu sehen. Da keine weiteren Fahrzeuge dieser Art beschafft wurden, scheint den neuen Türen kein durchschlagender Erfolg beschieden gewesen zu sein. Ein TLF 16 mit ähnlichem Führerhaus erhielt 1971 die FF Idstein/Taunus.

Nur die zugehörige Drehleiter fehlt, sonst wäre der stilreine Löschzug der 70er Jahre komplett. Aber immerhin verfügt die Werkfeuerwehr des Bundesbahn-Ausbesserungswerkes in Opladen über LF 16 und TLF 16 einer Bauform. Links im Bild steht das LF 16, zu erkennen an der gegenüber dem TLF etwas längeren Kabine. Beide Aufbauten stammen von Magirus, das LF wurde 1973 gebaut und verfügt über die bei LF 16 der Bundesbahn übliche, fest eingebaute Pulverlöschanlage mit 250 kg Inhalt (Total); das TLF ist ein Jahr jünger als das LF.

Fast ausschließlich für Sonderfahrzeuge kamen die LP-Fahrgestelle mit der kantigen Kabine, die Mercedes-Benz von 1965 bis 1977 im Programm hatte, in Frage. Nur bei den BF Hamburg und Heilbronn wurden auch vereinzelt genormte Fahrzeuge auf diesen Typen beschafft. Ganz nach den Vorstellung der FF Papenburg wurde dieses TLF 16/55-5 von Metz 1975 gebaut. Das Fahrgestell trägt die Bezeichnung LP 1519/36.

Viel werbewirksamen Wind machte die Firma Rosenbauer um das Erscheinen eines völlig neuen Löschfahrzeugs, Falcon genannt. Erstmals wurde hier kein Aufbau auf ein Serienfahrgestell aus der Lkw-Industrie gesetzt, sondern ein komplettes Fahrzeug einschließlich Fahrgestell nur für Feuerwehrzwecke "aus einem Guß" konzipiert. Heraus kam dieses futuristisch wirkende Fahrzeug, dessen Ausrüstung variabel je nach Norm oder Wünschen der Besteller ausgeführt werden kann. Während die BF Frankfurt 1987 ein TroTLF als Falcon erwarb, erhielten die BF Offenbach im selben Jahr und die FF Düren wenig später je ein TLF bzw. H-TLF. Das Dürener Fahrzeug ist hier zu sehen. Nach dem bekannten Bezeichnungsschema ist es als H-TLF 28/30-2 zu bezeichnen; das Sonderfahrgestell des Schwerlast-Spezialisten Titan aus Appenweier trägt die Typenbezeichnung TR 15.280 MP. Weitere Besonderheiten: permanenter Allradantrieb, Einzelbereifung, Heck-Motor mit 280 PS, Frontpumpe mit Bedienungsstand vorne hinter einer Klappe.

Eine Reihe von TLF 24/50 wurde auch auf schweren Kurzhauber-Fahrgestellen von Mercedes-Benz, Typ LAK 1924/42, aufgebaut. Die FF St. Wendel erhielt ein solches Fahrzeug mit Metz-Aufbau 1976. Vereinzelt gab es auch einige Prototypen auf leichteren Kurzhaubern, vor allem in Rheinland-Pfalz.

Magirus-Deutz, bzw. der Lkw-Bau von Klöckner-Humboldt-Deutz, wurde in den 70er Jahren in den Iveco-Konzern eingegliedert. Dieses nach Fulda 1989 gelieferte TLF 24/50 trägt die Fahrgestell-Bezeichnung 160-30 AHW.

Den speziellen Anforderungen einer Raffinerie-Feuerwehr entspricht dieses TroZLF 40/25-P 1500, das gemäß dieser Bezeichnung über 2.500 l Schaummittel und eine Pulverlöschanlage mit 1.500 kg Inhalt verfügt. Bachert lieferte den Aufbau auf einem Mercedes-Benz-Fahrgestell vom Typ LK 1623/42 1969 an die WF Mobil Öl AG in Wörth/Rhein.

artig lackierte Fahrzeuge, die sich bald auch anderenorts durchsetzten.
Große Probleme kamen mit dem Ende der 60er Jahre auf die Feuerwehren zu, als in zahlreichen Städten die öffentlichen Kassen so leer waren, daß laut über "die zu teuren Feuerwehren" nachgedacht wurde. Vielfach war so wenig Personal vorhanden, daß, wie böse Zungen behaupteten, nur die Fensterplätze in den Fahrzeugen besetzt werden konnten. Um trotzdem effiziente Hilfe leisten zu können, ließen sich einige Feuerwehren erheblich von der Norm abweichende Fahrzeuge "maßschneidern". In Duisburg entstanden zum Beispiel als Ersatz für herkömmliche LF, TLF und RW besonders schwere, sogenannte Hilfeleistungs-Löschfahrzeuge (oft HLF genannt) mit größeren Löschmittelvorräten und umfangreicher Ausrüstung für technische Hilfeleistung. Die Fortentwicklung derartiger Spezialfahrzeuge, die genau auf die örtlichen Verhältnisse zugeschnitten waren, ging über mehrere Fahrzeuggenerationen; diese Entwicklung hat sich bis heute bewährt.

Einsparungen erhofften sich auch andere Feuerwehren durch die Verwendung ähnlich konzipierter HLF. Vor allem die Frankfurter Feuerwehr setzte auf diesen Fahrzeugtyp in der Größenordnung normaler LF 16 oder TLF 16, der sich nach der Erprobungszeit bei vielen Feuerwehren durchsetzen konnte, allerdings LF 16 und RW 2 nicht völlig überflüssig machte.

Auch in anderen Städten gab es ähnliche Entwicklungen.

Als Nachfolger der älteren Hilfeleistungs-LF (vgl. S. 87 Mitte) beschaffte die BF Duisburg ab 1976 insgesamt sieben H-TLF 24/50-7 von Bachert. Verwendet wurde das dreiachsige Allrad-Kipperfahrgestell 2632/32+13 AK von Mercedes-Benz. Die Besatzung hatte mit 1+5 die Stärke einer Löschgruppe, die Ausrüstung entsprach der eines LF 16 mit zahlreichen Ergänzungen, wie bereits beim Vorgängerfahrzeug geschildert. RW 2 und LF 16 wurden damit in Duisburg praktisch abgelöst. Die Fahrzeuge bewährten sich gut, so daß sie heute schon in dritter Generation (die 2. Generation ist auf S. 2 zu sehen, die 3. auf der folgenden Seite Mitte), inzwischen verbessert und modifiziert, auf Fahrgestellen von MAN beschafft wird.

Eigentlich gibt es bei den Feuerwehren an Fahrzeugen nichts, was es nicht gibt. Wie auch bei einigen anderen Feuerwehren, so tat in Stuttgart bei der BF ein großer Sattelschlepper Dienst. Die Mercedes-Benz-Zugmaschine ist vom Typ LPS 334, Baujahr 1960/61; der 28.000 l fassende Auflieger stammt von Haller. Anfang der 80er Jahre wurde das Fahrzeug ausgesondert. Verwendung finden solche Fahrzeuge als Zubringer großer Mengen Löschwasser oder auch - in einzelnen Tankkammern - Schaummittel. Sie eignen sich aber zumeist auch zur Aufnahme gefährlicher Flüssigkeiten, etwa bei Havarien von Benzin-Tankwagen.

Seit 1991 ist die Norm für Schlauchwagen wie diesen zurückgezogen, bei Neubeschaffungen sind nur noch solche mit Trupp-Besatzung (1+2 Mann) vorgesehen. Zur FF Ritterhude kam jedoch 1988 noch dieser SW 2000 mit Gruppenkabine, den Ziegler 1988 auf einem MAN-Fahrgestell des Typs 12.192 FA aufbaute. Mit diesen modernen Frontlenker-Fahrgestellen gelang es der MAN, auf dem Feuerwehrmarkt in größerem Umfang Fuß zu fassen. Auch die Nachfolge-Generation M 90 findet heute wesentlich mehr Abnehmer als die "pausbackigen" Haubenwagen früherer Jahre.

Einen weiteren SW 2000 zeigt diese Aufnahme, diesmal auf einem Fahrgestell von Iveco-Magirus, Typ 120-19 AW. Der Aufbau stammt samt der Kabine von Magirus und entspricht - abgesehen von der Dachbeladung - im Aussehen den Aufbauten für LF 16 und TLF 16. Das Fahrzeug wurde 1986 an die FF Altdorf bei Nürnberg geliefert.

So sieht die 1993 aktuelle Version der Duisburger Hilfeleistungsfahrzeuge aus (vgl S. 2, S 87 Mitte u. S 97 oben): Rosenbauer fertigte die Aufbauten für die bislang (Stand 1.3.93) gefertigten drei Fahrzeuge 1990/91 auf Fahrgestellen von MAN, Typ 19.362 FAK. Erstmals wurde eine lenkbare Nachlaufachse von Sülzer verwendet. Aus feuerwehr-technischer Sicht handelt es sich bei diesen Fahrzeugen um H-TLF 28/40-10, Die umfangreiche Ausrüstung ist mit den beiden Vorgänger-Typen vergleichbar, wurde aber dem Stand der Technik angepaßt.

Um ein mittelschweres Flughafen-Löschfahrzeug handelt es sich bei diesem Mercedes-Benz vom Typ LAK 2624/ 36+13 mit 6x6-Antrieb. Metz lieferte das FLF 32/80-8 1973 an die Flughafen-Feuerwehr Saarbrücken. Aus heutiger Sicht wirken die Fahrzeuge mit ihrer verhältnismäßig geringen Leistung (240 PS) gegenüber den modernen Löschriesen geradezu schmächtig. Dennoch leisten sie auf kleineren Flughäfen auch heute noch gute Dienste.

Die wohl markantesten modernen Rosenbauer-Fahrzeuge dürften die großen Flughafen-Löschfahrzeuge sein, die den klangvollen Namen "Simba" tragen. Während u.a. auf den Flughäfen Hamburg und Köln dreiachsige Simbas stationiert sind, verfügt Frankfurt am Main über fünf Vierachser, die ab 1986 ausgeliefert wurden. Sie lösten die Vorgänger von Faun, die von vergleichbarer Größe waren, ab. Der hier gezeigte Simba aus Frankfurt mit 8x8-Fahrgestell von Titan/Appenweier Typ 45.1250), 1.250-PS-Dieselmotor von MTU und einem Gesamtgewicht von 44 t verfügt über eine Feuerlösch-Kreiselpumpe FP 60/10, 11.600 l Wasser, 1.200 l Schaummittel und eine Pulverlöschanlage mit 2.000 kg Inhalt von Total. Foto: Peter Schneider, Siegen

Fahrzeuge wie dieses wurden ab Anfang der 90er Jahre u.a. bei den Flughäfen Hannover und München - hier mit Eröffnung des neuen Flughafens "Franz-Josef Strauß" - in Dienst gestellt. Es handelt sich um FLF 80/135-16,2 mit Aufbau der niederländischen Firma Saval-Kronenburg (SK). Die Fahrgestelle tragen die Bezeichnung MAN SK 36.1000 VFAEG. Die Feuerlöschpumpe hat eine Leistung von 8.000 l/min bei 13 bar. Dieses Fahrzeug mit immerhin 1.000 PS wird seit 1991 in Hannover eingesetzt und verfügt ebenfalls über ein 8x8-Fahrgestell.

Als Ergänzung zu den vorhandenen Löschgruppen-, Hilfeleistungs- und Tanklöschfahrzeugen beschafften einige große Berufsfeuerwehren Groß-Tanklöschfahrzeuge, die bei umfangreichen Einsätzen schnell größere Mengen an Wasser oder Schaummittel heranführen können. Über zwei solcher Fahrzeuge mit je rund 8.000 l Wasser verfügte z.B. die BF Duisburg, in Frankfurt existiert ein Spezial-Sattelschlepper mit 24.000 l und ein GTLF mit weiteren 10.000 l. Die BF Köln beschaffte 1982 dieses TLF 24/70-10 mit Bachert-Aufbau auf einem MAN-Allrad-Fahrgestell vom Typ 26.240 DFA.

Einst waren sie wegen ihrer gigantischen Ausmaße die Stars unter den Feuerwehrfahrzeugen, die FLF auf Faun-Fahrgestellen, wie sie u.a. auf den Frankfurter, Düsseldorfer und Hamburger Flughäfen zu finden waren. Angeschafft wurden sie mit dem Aufkommen der Großraum-Passagierflugzeuge. Aber die Zeit ist über diese "Saurier" hinweggegangen, die Flughäfen haben zumeist eine größere Zahl teilweise erheblich kleinerer Fahrzeuge als Ersatz beschafft, deren einsatztaktischer Wert höher eingeschätzt wird. Der Flughafen Hamburg erhielt 1973 zwei dieser Riesen. Es handelte sich um FLF 55/180-18 mit Aufbauten von Kronenburg. Die Fahrgestelle vom Typ LF 1412/52 V 8x8 stammten von Faun. Eingebaut waren zwei V12-Deutz-Dieselmotoren zu je 500 PS. Beide konnten sowohl das Fahrzeug antreiben, als auch während der Fahrt einzeln auf Pumpenbetrieb umgeschaltet werden.

Zu den relativ selten benötigten Fahrzeugen gehören die Schlauchwagen. Oft sind sie daher nicht bei einem Löschzug stationiert, sondern sie werden an zentraler Stelle, etwa bei einer Kreis-Schlauchpflegeanstalt oder einer Feuerwehr-Technischen Zentrale (FTZ) vorgehalten, um bei entsprechenden Einsätzen von dort aus besetzt zu werden. So verhält es sich auch bei dem abgebildeten Fahrzeug, das für die Feuerwehren im Landkreis Wesermarsch 1977 von Schlingmann beschafft wurde und bei der FTZ in Brake in Bereitschaft steht. Das Mercedes-Benz-Fahrgestell des SW 1000 ist vom Typ 508 D/29.

Ein weiteres Ergebnis der Einsparungsbemühungen waren die Wechselaufbaufahrzeuge, die ab Ende der 60er Jahre verhindern sollten, daß man für jeden besonderen Zweck ein eigenes vollständiges Fahrzeug anschaffen mußte.

Vielmehr dachte man daran, Fahrzeuge, die seltener gebraucht werden und auch nicht unbedingt bei Einsätzen sofort verfügbar sein müssen, durch auswechselbare Koffer zu ersetzen, die bei Bedarf auf ein Trägerfahrzeug verlastet und zum Einsatzort gefahren werden können - und dort auch ohne das Fahrzeug aufgestellt und eingesetzt werden können.

Nach ganz frühen Versuchen in Mannheim in den 60er Jahren begannen die Feuerwehren Duisburg, Dortmund, Hannover und München Anfang der 70er Jahre mit entsprechenden Beschaffungen und Erprobungen, wobei die verschiedensten Systeme getestet wurden.

Interessanterweise waren es wiederum die BF Duisburg und Frankfurt, die Anfang der 70er Jahre Tanklöschfahrzeuge mit sehr großen Löschmittelvorräten beschafften, die bis zu vier Achsen erforderten.

Den Vogel ab schoß Frankfurt mit seinem Sattelschlepper-GLTF und dem von einem Flughafenlöschfahrzeug abgeleiteten GTLF 18. Letzteres verfügte an beiden Enden über zwei Führerstände, bewährte sich allerdings wegen seiner Dimensionen nicht und gelangte nach nur kurzer Einsatzzeit zum Deutschen Feuerwehr-Museum nach Fulda.

Auch im Zeitalter moderner hydraulischer Drehleitern gab und gibt es Bedarf an einfachen, mechanisch angetriebenen Drehleiter DL 18. So beschaffte z.B. auch die BF München solche kleinen Leitern auf Magirus-Deutz-Fahrgestellen. Im Bild eine Magirus-DL 18 von 1969, die bei der FF Delmenhorst in Dienst steht (Fahrgestell FM 70D6 F).

In jeder Hinsicht ungewöhnlich ist diese mechanische Magirus-DL 16-4 (neue Bezeichnung für DL 18) der FF Ravensburg, die sogar über Allradantrieb verfügt. Aufgebaut wurde sie 1988 auf einem Iveco-Magirus-Fahrgestell vom Typ 75-16 AW.

Die BF der Hansestadt Bremen beschaffte mehrere DLK 18-12 von Met.z Gewählt wurden Mercedes-Benz-Fahrgestelle vom Typ 1120/37 F aus der Baureihe LN 2. Das abgebildete Fahrzeug wurde 1989 geliefert. Es verfügt über einen stehenden Rettungskorb, der während der Fahrt nach hinten über den Leiterpark gekippt wird.

Auch die leichten Opel-Fahrgestelle modernerer Bauart eigneten sich zum Aufbau von DL 18. Wieder gab es Ausführungen von Metz und Magirus. Die gebauten Stückzahlen blieben allerdings jeweils gering. Das hier vorgestellte Fahrzeug, ein Opel Blitz 2,1 t, ist eine DL 18 mit Magirus-Aufbau von 1968. Es wurde an die FF Zeven geliefert.

DL 30 mit Truppkabinen wie diese blieben in den 60er Jahren die Ausnahmen; zumeist wurden sie mit Kabinen für 1+5 Mann Besatzung ausgestattet. Ab Mitte der 70er Jahre kehrte sich das Verhältnis allerdings um, neue Fahrzeuge mit den großen Kabinen wurden zur Seltenheit, was mit Veränderungen in den Normen zusammenhing. Demzufolge ist diese DL 30-T/Magirus ein eher seltenes Exemplar, aufgebaut 1968 auf einem Fahrgestell Magirus-Deutz FM 150D10. Sie gehört zur FF Kerpen am Niederrhein und ist, wie viele Leitern von Magirus und auch von Metz, mit einer Krananlage zum Heben von Lasten ausgestattet (Kranhaken an der Spitze des untersten Leiterteils). DL dieser Bauart waren bereits mit hydraulischer Schräg-Abstützung ausgestattet.

Die Tradition der erfolgreichen DL-Modelle mit den runden, später eckigen Motorhauben setzten auch die ab Ende der 60er Jahre aufkommenden Magirus-Deutz-Frontlenker vom Typ FM 170D12 F fort. Diese DL 30h mit Gruppenkabine gelangte 1971 zur FF Horb/Neckar. Bei jüngeren Ausführungen wurden die Rundum-Kennleuchten nicht mehr am Dach, sondern weiter vorne am Leiterpark befestigt. Der Rettungskorb kann am Einsatzort an der Leiterspitze eingehängt werden. Er eignet sich zum Heben von zwei Personen. Die Leiterbewegungen können auch vom Korb aus gesteuert werden. Auch diese DL besitzt hydraulische Schräg-Abstützung.

Auch bei kleineren Drehleitern bewährte sich der Rettungskorb, so daß heute kaum noch DL ohne Korb geliefert werden. Diese DLK 18-12 von Magirus erhielt die FF Syke in Niedersachsen. Das Fahrgestell ist von Iveco-Magirus, und zwar vom Typ 90-13 A. Der hängende Rettungskorb wird in Fahrtstellung abgenommen und hinter dem Führerhaus gelagert. Die Länge des Fahrzeugs nimmt dadurch beträchtlich zu, was beim Abstand zu vorausfahrenden Fahrzeugen oder zu eventuellen Hindernissen zu beachten ist.

Zu den Raritäten wiederum gehört diese DL 25h der FF Püttlingen, Löschzug Köllerbach. Das hochbeinige Fahrzeug vom Typ LAF 322/42 hat Allradantrieb, was es nur bei ganz wenigen DL gab bzw. gibt. Geliefert wurde das Unikum 1962 an die BF Trier. Gut zu sehen sind hier die noch mechanisch zu betätigenden seitlichen Abstützungen, ohne deren Herablassen Drehleitern aus Sicherheitsgründen nicht in Betrieb genommen werden können.

Während DL 30 auf MAN-Fahrgestellen vor allem bei den BF Berlin und Nürnberg sowie einer Reihe von FF zu finden waren, ist in der Bundesrepublik nur eine DL 37h auf einem MAN bekannt. Sie wurde von Metz 1964 an die FF Rüsselsheim geliefert. Das Fahrgestell dieses Fahrzeugs ist vom Typ 770 L 1.

Neben einigen DL 30 wurde auch wenige DL 37 auf dem schweren Kurzhauber-Fahrgestell von Mercedes-Benz aufgebaut. Dieses Fahrzeug der BF Heidelberg gehört zu der frühen Generation, erkennbar an der niedrigen Frontscheibe. Geliefert wurde das Fahrzeug 1961 von Metz an die BF Heidelberg.

Drehleitern mit fest montierten Rettungskörben für größere Belastungen werden allgemein Leiterbühnen genannt, nach einem von Magirus geprägten Begriff. Magirus erschien mit diesen schweren Fahrzeugen als erste Herstellerfirma auf dem Markt. Der Prototyp wurde 1967 an die BF Frankfurt geliefert (Fahrgestell Magirus-Deutz FM 200 D16).

Immer schwerer und immer größer schienen die Feuerwehrfahrzeuge in den 70er und 80er Jahren zu werden. Diese Entwicklung bereitete mancher Feuerwehr auch Sorgen, insbesondere dort, wo die Bebauung dem Einsatz großer Fahrzeuge Grenzen setzte. Hinzu kamen vielfach verkehrsberuhigende Maßnahmen in Innenstädten, die die Probleme gewissermaßen künstlich verschärften. So tauchten in den 80er nicht nur Drehleitern in niedrigen Bauarten von Magirus und Metz auf - beide Firmen erreichten mit völlig unterschiedlichen Bauprinzipien beachtliche Ergebnisse -, sondern auch bei Löschgruppen- und Tanklöschfahrzeugen setzten sich teilweise verringerte Maße durch, um mit den Fahrzeugen auch in engen Straßen beweglich zu bleiben.

Mit über 250 nahezu unüberblickbar groß war in den 80er Jahren die Zahl der Fahrgestelle geworden, die für den Aufbau von Feuerwehrfahrzeugen geeignet waren. Immer lauter wurde daher der Wunsch nach einer sinnvollen Einschränkung der Typenvielfalt.

Dem Normenausschuß Feuerwehrwesen gelang diese Reduzierung Ende der 80er Jahre, die auch im Hinblick auf den EG-Binnenmarkt notwendig erschien. So finden wir heute nur noch eine "abgespeckte" Norm, die 13 Typen von Feuerwehrfahrzeugen vorsieht, darunter TSF (-W), LF 8/6, LF 16/12, TLF 16/25 und TLF 16/24-Tr, Drehleitern DL bzw. DLK in drei Größenordnungen, RW 1 und RW 2, verschiedene GW, SW 2000-Tr, WLF und ELW 1 bis ELW 3.

Der entsprechende Prototyp von Metz wurde 1972 an die BF Mannheim übergeben. Verwendet wurde ein Faun-Kranwagenfahrgestell vom Typ LK 906/46, da es im Programm von Mercedes-Benz kein geeignetes Fahrgestell für den schweren Aufbau gab. Erst zwei Jahre später erschienen weitere DL 30-S auf dreiachsigen Mercedes-Kurzhauber-Fahrgestellen, und zwar für die FF Düren und die WF BASF Ludwigshafen.

Völlig neue Wege beschritt Metz mit seiner niedrigen Leiterbauart, die zur "Interschutz" 1980 in Hannover vorgestellt wurde. Erstmalig wurde der Leiterpark nach hinten abgelegt. Die Bezeichnung für diese Bauart lautete DLK 23-12 SE (für Sofort-Einstieg). Fahrzeuge dieser Bauart wurden u.a. an die BF Hamburg, Stuttgart, Ludwigshafen, Wuppertal und Regensburg geliefert. Im Bild wird das Regensburger Fahrzeug (1419/48 F, Baujahr 1982) gezeigt. Die Fahrzeughöhe liegt bei 2,80 m, während sie bei normalen Leitern 3,30 m erreicht.

Passend zu den LHF niedriger Bauart beschaffte die BF Berlin auch niedrige Drehleitern, und zwar auf Fahrgestellen von MAN und Mercedes-Benz. Die Aufbauten lieferte Metz, wobei nach vorne verschobene und tiefer gelegte Führerhäuser von Eller/Sinzheim verwendet wurden. Im Bild eine der DLK 23/12 auf einem MAN-Fahrgestell vom Typ 14.192 F-DL, Baujahr 1986.

In Zusammenarbeit mit der BF München entwickelte Magirus Ende der 70er Jahre eine Drehleiter besonders niedriger Bauart, die bis heute weite Verbreitung fand. Erste Exemplare waren etwas früher fertig als die SE-Leiter von Metz. Magirus erreichte eine Bauhöhe von 2,85 m durch Verwendung eines niedrigen Fahrgestells mit einem speziellen Führerhaus vor der Vorderachse sowie mit extrem flachen Aufbauten. Abgebildet ist ein Fahrzeug der BF Duisburg, das bereits mit dem neuen, über den Leiterpark klappbaren Rettungskorb ausgerüstet ist. Daten: Iveco Magirus 120-25 AN, DLK 23-12 nB/Magirus, Baujahr 1991; "nB" steht für "niedrige Bauart".

Der ersten LB 30-Generation von Magirus folgte in den 70er Jahren eine zweite auf zweiachsigen Frontlenker-Fahrgestellen, natürlich wieder von Magirus-Deutz. Eine dritte Generation, diesmal auf dreiachsigen Magirus-Deutz-Fahrgestellen, erschien 1976/77, wiederum zunächst bei der BF Frankfurt/M. Wie bereits bei den vorherigen Modellen, erlangten die Fahrzeuge keine sehr große Verbreitung, fanden aber dennoch eine Anzahl von Abnehmern. Inzwischen ist in Frankfurt schon wieder eine neue Generation in Dienst gestellt worden, deren Bauhöhe deutlich niedriger gehalten werden konnte. Hier gezeigt wird ein Fahrzeug von 1983, das bei der FF Albstadt-Ebingen in Dienst steht. (Fahrgestell Magirus-Deutz FM 310D21 F 6x4).

Metz lieferte Mitte der 70er Jahre in einer kleinen Serie seine der Magirus-Leiterbühne entsprechende DL 30-S auf dem schweren dreiachsigen Kurzhauber-Fahrgestell von Mercedes-Benz aus. Unter anderem erhielten die Feuerwehren in Sindelfingen, Lünen und Darmstadt solche Fahrzeuge, die über hydraulische Waagerecht-Senkrecht-Abstützung verfügen. Das im Bild zu sehende Darmstädter Fahrzeug (Fahrgestell Typ L 2624/52+13 6x4) stammt von 1975.

Während sich in anderen Ländern Gelenkmaste als Hubrettungsfahrzeuge bewährten und allgemeine Verbreitung bei den Feuerwehren fanden, blieben deutsche Feuerwehren zurückhaltend. Genau 12 solcher Fahrzeuge wurden bis heute bei deutschen FF und BF in Dienst genommen. Einige weitere fanden bei Werkfeuerwehren Verwendung. Bildlich vorgestellt wird hier ein Gelenkmast der BASF Ludwigshafen mit 31 m Arbeitshöhe von 1987. Der Aufbau stammt von Bachert unter Verwendung einer Anlage von Bronto-Skylift. Als Fahrgestell fand ein MAN 26.365 DF 6x4 Verwendung. Bemerkenswert ist eine eingebaute Feuerlöschpumpe FP 60/8, mit der die fest angebaute Steigleitung mit Werfer an der Mastspitze gespeist wird.

Das Hubrettungsfahrzeug mit der größten Arbeitshöhe dürfte gegenwärtig (Anfang 1993) der Gelenkmast der Raffinerie Shell in Godorf bei Köln sein. Bis auf 50 m läßt sich der Mast ausfahren. Geliefert wurde das Fahrzeug 1985 auf einem Sonderfahrgestell von Magirus-Deutz, Typ 310D28 FK 8x4/4, der Aufbau stammt von Bronto Skylift aus Finnland.

Noch wesentlich seltener als Gelenkmaste waren Teleskopmaste in Deutschland zu finden. Lediglich drei Exemplare, entwickelt von der Maschinenfabrik Langenfeld, einem in den 70er Jahren bekannten Hersteller von Teleskop-Kranwagen, wurden ab 1972 an die BF Ludwigshafen, Karlsruhe und Wiesbaden geliefert. Die Fahrzeuge besaßen den Vorteil, daß der Rettungskorb mit 750 kg (8 bis 10 Personen) belastbar war. Außerdem konnte eine maximale Ausladung von 20 m erreicht werden. Nachteilig waren allerdings das hohe Dienstgewicht der Vierachser (rund 31.000 kg) und der hohe Wartungsaufwand, weshalb alle bis Mitte der 80er Jahre ausgesondert wurden. Das Bild zeigt das Fahrzeug der BF Ludwigshafen mit einem Fahrgestell der Fa. Sonderfahrzeugbau Sfb vom Typ 2525-20 8x4 mit 285 PS.

Sogenannte Voraus-Geräte- und -Rüstwagen (VGW bzw VRW) setzten sich ab den 70er Jahren bei deutschen Feuerwehren schnell durch. Sie dienen der schnellen technischen Hilfeleistung und Menschenrettung, vor allem bei Verkehrsunfällen. Meistens gehören hydraulische Spreizer, Trennwerkzeuge, Hebekissen und ähnliche Geräte zur Ausrüstung. Sind Stromerzeuger, Seilwinde oder andere Geräte fest eingebaut, spricht man von VRW, ansonsten von VGW. Die FF Kirchzarten besitzt diesen VGW auf einem Geländewagen-Fahrgestell von Mercedes-Benz, Typ 280 GE (lange Version). Bewährt haben sich neben diesen Mercedes-Fahrzeugen auch Range Rover und Geländewagen japanischer Hersteller (etwa von Nissan oder Toyota).

Ende der 60er Jahre beschafften vor allem Freiwillige Feuerwehren Rüstwagen RW 1, die der einfachen technischen Hilfeleistung dienen. Seit 1974 sind die Fahrzeuge genormt. Bewährt haben sie sich insbesondere auch bei Bergungsarbeiten nach Verkehrsunfällen. Neben Unimog-Fahrgestellen von Mercedes-Benz kamen bzw. kommen auch leichte Kurzhauber und vor allem Frontlenker von Magirus-Deutz bzw. Iveco-Magirus und MAN-VW in Betracht. Die FTZ Jever beschaffte ein solches Fahrzeug auf dem älteren Unimog U 406. Es besitzt einen Schlingmann-Aufbau von 1971 mit nach oben öffnenden Falttüren.

Diesen RW 1 auf einem Iveco-Magirus-Fahrgestell vom Typ 75-16 AW besitzt die FF Eppelborn seit 1988. Der Aufbau stammt wie üblich von Magirus.

Zu den älteren RW 1 auf einem Fahrgestell vom Typ LAF 911/36 gehört dieses Fahrzeug der FF Wiehl im Oberbergischen Kreis. Es handelt sich um einen 1970 gelieferten Prototyp von Bachert, der anfangs noch SGW (Schwerer Gerätewagen) genannt wurde. Jüngere RW 1 erhielten bald einen kürzeren Radstand und Aufbauten mit Jalousien. Für den Wintereinsatz ist das Fahrzeug trotz Allradantrieb mit Schneeketten auf den Hinterrädern versehen.

Rüstwagen der Klasse RW 2 erlauben es den Feuerwehren, nahezu alle Arbeiten zur technischen Hilfeleistung auszuführen, auch in größerem Umfang. Die dazu erforderlichen Geräte werden im Wagen mitgeführt oder sind fest eingebaut. Ein derart universell einsetzbares Fahrzeug, versehen mit einer Zusatzausrüstung für Ölunfälle, besitzt die FF Waldbröl seit 1975. Das Magirus-Deutz-Fahrgestell ist vom Typ FM 170D11 FA, der Aufbau stammt von Magirus. Wie der RW 1, so verfügt auch der RW 2 u.a. über eine Seilwinde und einen fest eingebauten Stromgenerator, die beide vom Fahrzeugmotor angetrieben werden.

Vor dem Aufkommen der Frontlenker wurden für RW 2 die Kurzhauben- bzw. Haubenfahrgestelle von Mercedes-Benz, Magirus-Deutz oder MAN verwendet. Einen weiteren Kurzhauber (Typ LAF 1113/42, Baujahr 1970) zeigt dieses Bild. Der Aufbau mit Falttüren stammt von Metz, das Fahrzeug wurde an die FF Bad Homburg vor der Hardt geliefert.

Schwerere Fahrgestelle wurden, von Ausnahmen abgesehen, für die größten Rüstwagen RW 3 und RW 3-Staffel verwendet. Ihre Ausrüstung ist gegenüber dem RW 2 noch umfangreicher. Beide Varianten, also mit Trupp- und Staffelführerhaus, waren bis Ende der 80er Jahre genormt, beide Normen sind inzwischen zurückgezogen. Hauptsächlich standen die schweren Fahrzeuge bei Berufsfeuerwehren im Einsatz, jüngere Exemplare wurden auch auf Frontlenker-Fahrgestellen geliefert. Im Bild ein Baumuster, das es u.a. bei den BF Berlin, Düsseldorf, Frankfurt und München gab. Dieses Fahrzeug der BF München, ein RW 3-St, Fahrgestell Magirus-Deutz FM 200D16A 4x4, wurde 1965 von Magirus aufgebaut.

Als jahrelang einzige Feuerwehr in Niedersachsen verfügte die BF Salzgitter über einen RW 3-St. Das Fahrzeug, das noch heute im Einsatz ist, wurde von Bachert 1973 auf einem MAN-Fahrgestell vom Typ 16.256 HA abgeliefert.

Beachtliche Ausmaße hat dieser "Hilfszug Chemie" der WF Bayer AG, Dormagen. Er besteht aus einem dreiachsigen Sonder-RW als Zugmaschine und einem Vierachsanhänger mit Spezial-Tankaufbau. Der Motorwagen, von Metz 1981 auf einem MAN-Fahrgestell vom Typ 26.320 DF 6x4 geliefert, transportiert die gesamte Ausrüstung. Im Tank des Anhänger können gefährliche Flüssigkeiten nicht nur aufgenommen, sondern auch temperiert und unter Druck aufbewahrt werden. Die entsprechenden säurefesten Spezialpumpen werden ebenfalls mitgeführt. Im Rahmen des "Transport-Unfall-Informations-Systems" (TUIS) wird das Gespann auch bei Havarien außerhalb der Werksanlagen eingesetzt.

Vor dem Erscheinen der Mercedes-Geländewagen und der japanischen Fahrzeuge wurden vielfach britische Geländewagen des Typs Range Rover als Voraus-Gerätewagen, früher auch Schnellbergungswagen SBW genannt, benutzt. Die Björn-Steiger-Stiftung beschaffte Mitte der 70er Jahre die ersten Exemplare. Damit war es erstmals möglich, Unfallstellen schnell zu erreichen, um verletzte oder eingeklemmte Personen zu bergen und zu befreien. Notfalls können solche Fahrzeuge auch außerhalb befestigter Wege dank ihres Allradantriebs vordringen. Im Bild der VRW der FF Rendsburg, dessen Ausrüstung von der Fa. Meisner stammt. Das Fahrzeug wurde 1977 in Dienst gestellt.

Die FF Engelskirchen beschaffte 1987 diesen RW 1 auf einem Mercedes-Benz-Fahrgestell des Typs 917/32 AF. Der Bachert-Aufbau besitzt als Besonderheit kombinierte Aufbauverschlüsse aus nach unten öffnenden Klappen und Jalousien. Im geöffneten Zustand erlauben in der Innenseite der Klappen montierte Trittbretter ein einfaches Entnehmen der im oberen Aufbauteil gelagerten Geräte.

Gleich zwei RW 3 auf schweren Kurzhauber-Fahrgestellen des Typs LAK 1624/42 von Mercedes-Benz beschaffte die BF Duisburg 1972/73. Die einheitlichen Aufbauten stammen von Metz. Ganz ähnliche Fahrzeuge wurden u.a. auch an die BF Hamburg (Bachert-Aufbau), Essen und Freiburg sowie die FF Weiden/Opf. geliefert.

Eine Sonderlösung ließ sich die BF Offenbach 1983 von Metz bauen. An ihrem schweren dreiachsigen Rüstwagen befindet sich am Heck ein Atlas-Ladekran, mit dem größere Lasten bewegt werden können. Zwar sind derartige Krane auch bei Feuerwehr-Rüstwagen nicht neu (u.a. gibt es RW dieser Art auf Zweiachs-Fahrgestellen bei Feuerwehren am Bodensee, in Kassel und in Marburg), in dieser Größenordnung ist das Offenbacher Fahrzeug jedoch ein Einzelgänger. Das Mercedes-Benz-Fahrgestell ist vom Typ 2224/41+13 AK 6x4. Bemerkenswert sind auch bei diesem Fahrzeug die Ladeklappen am Aufbau.

Diesen schweren MAN (Typ 16.240 HAK) beschaffte der Landkreis Weilheim-Schongau 1983 für die FF Penzberg. Es handelt sich ebenfalls um einen RW 3, der Aufbau stammt von Bachert. Ausschlaggebend für die Anschaffung mehrerer dieser RW war die zunehmende Zahl schwerer Verkehrsunfälle in diesem Kreis.

Im Unterschied zu den Rüstwagen, die fest montierte und vom Fahrzeugmotor angetriebene Geräte haben (Seilwinde, Generator), besitzen Gerätewagen keine fest eingebauten Vorrichtungen dieser Art. Sie dienen lediglich zum Transport von Ausrüstungsgegenständen. Ergänzt wird die Bezeichnung oft durch einen Begriff, der die Zweckbestimmung des Fahrzeugs näher beschreibt, also z.B. GW-Wasserrettung, GW-Umweltschutz oder GW-Atemschutz. Bei dem hier gezeigten Fahrzeug handelt es sich um einen GW-Öl der BF Stuttgart, der von Metz 1980 auf einem Mercedes-Fahrgestell vom Typ 613 D/41 aufgebaut wurde. Bemerkenswert ist die Anordnung der Stauräume im unteren Bereich. U.a. führt das Fahrzeug Behälter und Wannen zur Aufnahme auslaufender Flüssigkeiten mit sich.

Was auf den ersten Blick wie ein serienmäßiger Mercedes-Kleintransporter aussieht, entpuppt sich bei näherer Betrachtung doch als ungewöhnlich: Der als GW-Wasserrettung dienende Mercedes-Kastenwagen verfügt über Allradantrieb, mit dem nur ganz wenige dieser Fahrzeuge ausgestattet wurden (nicht serienmäßig). Das Fahrgestell ist vom Typ 309 D/33 A. Den Innenausbau des 1988 gelieferten Kastenwagens übernahm die BF Ludwigshafen in Eigenarbeit.

Im Bundesland Hessen wurden die Stützpunkt-Feuerwehren flächendeckend mit einheitlichen GW-Öl auf Fahrgestellen von Opel (Typ Blitz 300-6 H) ausgestattet (rechts im Bild). Die Aufbauten stammen von Ziegler unter Verwendung einer Rohkarosse von Voll/Würzburg. Die FF Alsfeld/H. erhielt ihr Fahrzeug 1972. Links daneben ein weiterer Opel Blitz von 1968, der als Transportfahrzeug für Schläuche dient (Schlauchwechselwagen); auch sein Aufbau stammt von Voll.

In den 80er Jahren gewannen die GW-Gefahrgut (oft auch GW-Umweltschutz genannt) wachsende Bedeutung. Sie wurden von zahllosen Feuerwehren in verschiedensten Ausführungen beschafft. Zu einem der führenden Aufbauhersteller und Ausrüster auf diesem Spezialgebiet entwickelte sich die Firma Schmitz, die zeitweise mit anderen Herstellern kooperierte und deren Vertriebsnetz nutzte. Charakteristisch wurden für Schmitz-Aufbauten die von Getränke-Fahrzeugen her bekannten Hub-Roll-Wände, die sich über die gesamte Aufbaulänge öffnen lassen. Ein solches Fahrzeug (Fahrgestell Iveco-Magirus 110-16 A) beschaffte auch die Landesfeuerwehrschule Münster 1984 für Schulungszwecke. Die Ausrüstung ist speziell auf Öl- und Chemie-Unfälle abgestimmt.

RW-Schiene genannte Rüstwagen zum Einsatz auf Straßenbahn-Gleisanlagen und in U-Bahnen kamen ab 1970 auf, als die BF Frankfurt das erste Fahrzeug dieser Art beschaffte. Zwei Jahre später gelangte noch ein zweites Fahrzeug dorthin, während ein ähnliches 1979 zur BF Bonn kam (vgl. S. 116 oben). Die BF Stuttgart beschaffte 1985 ein deutlich kleineres Fahrzeug auf Unimog-Fahrgestell; die beiden Frankfurter Fahrzeuge wurden 1986 durch zwei moderne Iveco-Magirus ersetzt. Hier im Bild zu sehen sind diese beiden Fahrzeuge kurz nach der Ablieferung. Das mittig angeordnete, absenkbare Schienen-Fahrgestell stammt von Schörling (Fahrgestelle vom Typ Iveco-Magirus 190-32 A). Die Fahrzeuge verfügen über schmale, auf seitlichen Stegen von der Kabinen-Rückwand aus begehbare Aufbauten. Am Heck befindet sich eine hydraulische Ladebordwand.

Zur Aufnahme von Ölen und anderen grundwassergefährdenden Flüssigkeiten eignen sich die beiden nebeneinander liegenden, einzeln kippbaren Tanks dieses Fahrzeugs der BF Berlin (Fahrgestell Magirus-Deutz FM 126D15 AK). Der Aufbau stammt von Hodermann. Vom Prinzip her handelt es sich bei dem 1968 gebauten Fahrzeug um einen "Kanalsaugwagen". Die beiden Behälter fassen je 3.500 l. Andere Feuerwehren beschafften gelegentlich auch ausrangierte Kraftstoff-Tankwagen oder auch Kanalsauger und rüsteten sie für ähnliche Aufgaben um.

Anfang der 70er Jahre wurden hessische Feuerwehren auch mit "Flutlicht-Wagen", gemeinhin GW-Licht genannt, ausgestattet. Verwendet wurden Fahrgestelle von Hanomag-Henschel vom Typ F 25 L, die nach der Übernahme durch Mercedes als L 207 bezeichnet wurden. Ein solcher Hanomag-Henschel, Baujahr 1973, steht auch bei der FF Frankenberg/Eder in Dienst. Der Mercedes-Stern wurde erst nachträglich angebracht. Polyma/Kassel stellte den Aufbau her. Ein fest installierter Generator mit eigenem Motor liefert die nötige Energie. Anderenorts fanden später auch abweichende Fahrgestelle ( z.B. Mercedes 309 D, 407 D, 408, LAF 911/32, Ford Transit oder VW LT) Verwendung.

Den beiden Frankfurter RW-Schiene ähnlich ist das Bonner Fahrzeug. Auf einem Fahrgestell von Magirus-Deutz, Typ FM 232D17 FA, montierte die Frankfurter Firma Berger den Aufbau. Auch hier ist es möglich, die Geräteräume direkt vom Führerhaus über einen umlaufenden Steg zu erreichen, damit auch Arbeiten in engen U-Bahn-Schächten möglich sind. Weitere Merkmale: Schienenfahrgestell von Schörling, Ladebordwand am Heck, Abgas-Entgiftungsanlage für U-Bahn-Betrieb, Flutlicht-Scheinwerfer vorne und hinten. Zum Betrieb auf Gleisen wird das Schienenfahrgestell hydraulisch abgesenkt und dadurch die Vorderachse vom Boden leicht abgehoben. Der Antrieb erfolgt über die Hinterachse, deren Räder auf den Schienen aufsitzen und für Traktion sorgen.

Speziell für den Einsatz bei Unfällen auf oder an Gewässern sind die sogenannten GW-Wasserrettung ausgestattet. Die Feuerwehren beschaffen Fahrzeuge ganz unterschiedlicher Größenordnungen, die nach den örtlichen Gegebenheiten und Anforderungen ausgestattet werden. Oft sind sie, wie dieses, von der BF Bremerhaven 1983 beschaffte Fahrzeug, mit Allradantrieb, Ladekran und einem leichten Motorboot ausgestattet. Den Aufbau dieses Fahrzeuge mit Umkleideraum für Taucher stellte Schlingmann auf einem Magirus-Deutz-Fahrgestell vom Typ FM 130D9 FA her. Der Ladekran am Heck, mit dem das mitgeführte Motorboot zu Wasser gelassen werden kann, stammt von Hiab.

Strahlenschutz gewann nicht nur in der Umgebung von Kernkraftanlagen zunehmend an Bedeutung, sondern auch in der Industrie, wo oft mit strahlenden Materialien gearbeitet wird. Selbst in Krankenhäusern gibt es Bereiche, in denen mit Strahlen umgegangen wird. Als erste Feuerwehr überhaupt beschaffte die BF Karlsruhe - dort befindet sich ein Kernforschungszentrum - daher 1962 diesen GW-Strahlenschutz auf einem Fahrgestell von Mercedes-Benz, Typ L 322/42. Der Kofferaufbau stammt von Wankmiller/Heilbronn.

Eine Reihe Allrad-Fahrgestelle von Magirus-Deutz (F Mercur 150 A) rüstete die BF München Anfang der 60er Jahre mit einheitlichen Nato-Koffern von Glas/Dingolfing aus. Ausgebaut wurden diese Fahrzeuge in Eigenleistung als Funkkommandowagen, Atem- und Strahlenschutzwagen, Wassernotwagen und Küchenwagen. Abgebildet ist der GW-Atem- und Strahlenschutz. Anderenorts beschafften Feuerwehren auch ausgesonderte Nato-Fahrzeuge (MAN, Mercedes, Ford) und bauten die Kofferaufbauten nach eigenen Vorstellungen aus.

Der Landkreis Waldshut beschaffte nach katastrophalen Unwettern, die die Stromversorgung großflächig und längerfristig lahmlegten, zwei recht ähnliche GW-Strom. Die Fahrzeuge unterscheiden sich in erster Linie durch die Leistung der von Polyma/Kassel gelieferten, fest installierten Stromaggregate, die bei dem älteren, hier gezeigten Fahrzeug von 1978 50 kVA, bei dem zwei Jahre jüngeren jedoch 100 kVA beträgt. Verwendet wurden identische Mercedes-Fahrgestelle vom Typ 1017/36 AF. Stationiert ist das hier gezeigte Fahrzeug bei der FF Bad Säckingen, das andere gehört zur FF Albbruck.

Für die unterschiedlichsten Zwecke können Gerätewagen eingerichtet sein. Die Palette reicht von exotisch anmutenden Einsätzen wie der Beseitigung von Glasbruch, dem Bergen von verletzten oder dem Einfangen von entlaufenen Tieren, kleinen technischen Hilfeleistungen (z. B. das Öffnen von Türen) und dem Beseitigen von Ölspuren bis zum Aufspüren und Messen von giftigen Gaswolken. Es gibt heute fast nichts mehr, wofür oder wogegen sich die Feuerwehren nicht mit Geräten und Fahrzeugen wappnen können. Grenzen sind oft nur durch den Finanzhaushalt gesetzt, denn die Spezialfahrzeuge sind zumeist alles andere als billig. Stellvertretend für die vielen GW soll hier noch ein kleines Fahrzeug mit Aufbau von Weinsberg gezeigt werden. Die Werkfeuerwehr des VW-Stammwerkes in Wolfsburg benutzt diesen VW-Bulli von 1977, einen Gerätewagen, innerhalb der Werksanlagen.

Speziell für die Rettung von verunglückten Tieren beschaffte die BF in München, wo sich im Stadtteil Hellabrunn einer der größten deutschen Zoos befindet, diesen Hubwagen, in dem z.B. gestürzte Pferde liegend transportiert werden können. Das Fahrzeug löste einen ähnlich konzipierten GW-Tierrettung älterer Bauart ab. Es handelt sich um einen Unimog-Triebkopf vom Typ 1200 T mit Frontantrieb und absenk- bzw. anhebbarem Pritschenaufbau von Ruthmann/Gescher.

Auch Rüstkranwagen wurden vor dem allgemeinen Aufkommen der eigentlichen Feuerwehr-Krane in den 60er Jahren noch beschafft. Während Metz mit Mercedes-Fahrgestellen nur noch in ganz wenigen Fällen zum Zuge kam, konnte Magirus den Erfolg der RKW 10 auf den schweren Rundhauber-Fahrgestellen auch mit der moderneren Eckhauber-Version fortsetzen. U.a. erhielten die Feuerwehren Bonn, Köln, Iserlohn, Witten, Lübeck, Oberhausen und Castrop-Rauxel solche Fahrzeuge. Das Bonner Exemplar steht inzwischen im DFM in Fulda. An der Arbeitsweise der Fahrzeuge hatte sich gegenüber der Vorgänger-Generation nichts geändert. Gezeigt wird hier das Fahrzeug der FF Castrop-Rauxel, das - wie die übrigen - ein Magirus-Deutz-Fahrgestell vom Typ Jupiter 170 A hat. Es wurde 1963 ausgeliefert.

Gelenk-Löscharme wie dieser dienen dazu, einen gezielten Löschangriff an schwer zugänglichen Stellen oder in großen Höhen vorzunehmen. Mit dem Aufkommen sogenannter Betonpumpen in der Bauindustrie fielen sie gewissermaßen als Nebenprodukt ab. Meistens verfügen die Fahrzeuge über eine fest eingebaute Feuerlöschpumpe, oft auch über eigene Löschmitteltanks. Das größte, hier abgebildete Fahrzeug dieser Art in der Bundesrepublik besitzt die WF der Bayer AG in Brunsbüttel. Der Werfer kann bis auf eine Arbeitshöhe von 30 m ausgefahren werden, außerdem werden eine Feuerlöschpumpe FP 60/8 (Bachert) und 4.000 l Schaummittel mitgeführt. Der Aufbau auf dem MAN-Fahrgestell vom Typ 30.365 VF 8x4/4 stammt von Bachert unter Verwendung einer Mastanlage von Meiller. Andere WF verfügen über etwas leichtere dreiachsige Fahrzeug, die ähnlich konzipiert sind. Von kommunalen Feuerwehren wurden bisher keine derartigen Geräte beschafft.

Nachdem die BF Mannheim bereits in den 60er Jahren Wechselaufbauten besaß (Schwenkarm-Absetzkipper-System), begannen andere Feuerwehren Anfang der 70er Jahre Erprobungen mit Wechselaufbauten. Unterschiedliche Systeme (Absetzkipper mit Schwenkarmen, Abrollsysteme mit Kipprahmen und Seil-Betrieb, Winkel-Hakenabsetzgeräte, Unterfahr-Wechselpritschen-Systeme) wurden in Duisburg, Dortmund, Gelsenkirchen, Bonn und Hannover getestet. Man hatte inzwischen erkannt, daß Wechselaufbauten wesentlich preiswerter waren als die Beschaffung von Sonderfahrzeugen für spezielle, selten vorkommende Einsatzzwecke. Lediglich das Haken-Abrollsystem setzte sich bis heute allgemein durch. In Mannheim, München und Duisburg hielt sich bis heute aber auch noch das Schwenkarm-Absetzkipper-System neben den Hakenabsetzgeräten. Im Bild zu sehen ist ein Wechselaufbau-Fahrzeug (Fahrgestell Magirus-Deutz FM 232D15 F, Baujahr 1976, Meiller-Hakenabsetz-System) der BF Gelsenkirchen zu sehen. Der Absetzaufbau besteht aus einem Behälter mit 5.000 l Löschwasser.

Die ganze Bandbreite der in Deutschland vertretenen Wechselaufbauten und -Fahrzeuge vorzustellen, ist im Rahmen dieser Abhandlung natürlich unmöglich. Dazu ist die Zahl der System, der Hersteller, der Fahrgestelle und Verwendungszwecke einfach zu groß. Nach oben ist das Spektrum bis heute (2.93) durch einige Vierachs-Fahrzeuge der BF Stuttgart, Duisburg und Salzgitter begrenzt, die an Vielseitigkeit kaum Wünsche offen lassen. Zwei- und Dreiachser - mit oder ohne Allradantrieb - (siehe auch S. 122 oben) gehören heute schon längst zum Standard. Duisburg und Salzgitter beschafften geländegängige, aus Militärfahrgestellen abgeleitete Fahrzeuge vom Fabrikat MAN, das Stuttgarter Exemplar ist ein handelsüblicher Vierachser von Mercedes-Benz. Zu sehen ist hier der Duisburger MAN Typ 27.365 VFAE, Baujahr 1984, der mit Pulverlösch-Wechselaufbau (2x 2.000 kg, Fabrikat Minimax, Haken-Abroll-System von Meiller) beladen ist.

Eine Übersicht über die verschiedensten Gerätewagen gibt diese Doppelseite. Den Anfang macht ein Büssing-Allradkipper (Typ BS 14 AK), den die BF Köln als Tiefbau-Rettungswagen, später GW-Bau genannt, 1968 in Dienst stellte. Ausgerüstet ist das Fahrzeug mit einer Vorbauseilwinde und einem Hiab-Ladekran (Anbau eines Bagger-Greifers möglich), die Kippbrücke stammt von Meiller. Mitgeführt werden Hilfsmittel aller Art zur Bergung von Verschütteten. Ursprünglich hatte das Fahrzeug sogar einen passenden Zweiachs-Anhänger, auf dem weiteres Material lagerte. 1972 wurde ein zweites Fahrzeug dieser Art auf MAN-Haubenfahrgestell in Dienst gestellt. Der Büssing wurde bereits in den 80er Jahren ausgesondert.

Über diesen kombinierten Mannschafts- und Gerätewagen verfügt die FF Ulm, wobei das bei der Feuerwehr nur selten verwendete leichte Fahrgestell - es stammt ursprünglich aus der Produktion der Traktorenfabrik Eicher - benutzt wurde. Der Aufbau ist selbstverständlich von Magirus. Daten: Magirus-Deutz FM 120D7F, MTW/GW, Baujahr 1975.

Ungewöhnliche Gefahrenquellen verlangen nach ungewöhnlichen Lösungen: Die WF der Farbwerke Hoechst in Frankfurt/M. bauten diesen Sattelzug zum Gerätewagen aus, dem es nicht an Stauraum mangelt. Als Zugmaschine dient ein Mercedes-Benz LS 1620/36 aus den frühen 60er Jahren.

Über einen eigenen Streuwagen zum Abstreuen von Ölspuren verfügt die BF München. Ein handelsübliches Winterdienst-Streugerät von Weisser/Bräunlingen wurde Ende der 70er Jahre auf ein altbrauchbares Feuerwehr-Fahrgestell von Magirus-Deutz (F Mercur 150 A, Baujahr 1963) gesetzt. Im Winter kann das Fahrzeug auch zum Abstreuen vereister Einsatzstellen benutzt werden.

Zur Untersuchung von Luftmeßproben hinsichtlich gefährlicher Gift- und Schadstoffkonzentrationen, die bei Bränden entstehen können, dienen die GW-Meßtechnik, die in Nordrhein-Westfalen nach Richtlinien des Landes für zahlreiche Feuerwehren beschafft wurden. Schmitz/Wilnsdorf, Ziegler und die "Gesellschaft für Strahlenschutztechnik" (GST) lieferten die in serienmäßigen Mercedes-Benz-Kastenwagen der Bauart 307 D/33 untergebrachte Ausrüstung. Bemerkenswert ist eine am Dach montierte Markise. Das Bild zeigt das an die FF Hückelhoven 1986 gelieferte Fahrzeug mit GST-Ausrüstung.

GW-Wasser nennt die WF der BASF in Ludwigshafen diesen Pritschen-Lkw mit großem Geräteschrank, der für den Einsatz von Lenzpumpen zur Löschwasserversorgung aus dem Rhein benötigt wird. Ein Palfinger-Kran mit maximal 2.700 kg Hubkraft am Fahrzeugheck kann die Pumpen und weitere Geräte aussetzen. Der Aufbau auf dem Mercedes-Fahrgestell vom Typ 914/49 (Baujahr 1990) stammt von der Firma Klamm/Ludwigshafen.

Während in der Literatur der Beginn der Ära der Wechsellader zumeist auf Anfang der 70er Jahre datiert wird und als erste Feuerwehren, die derartige System einführten, stets Duisburg, Dortmund und Hannover genannt werden, besaß die BF Mannheim bereits Jahre früher solche Fahrzeuge, die nach dem Schwenkarm-Absetz-Prinzip arbeitete. Bei den damaligen Fahrgestellen handelte es sich um Frontlenker von Faun und Mercedes. Bis in die heutige Zeit behielten die Mannheimer das System bei. Die Abbildung zeigt ein modernes Mannheimer Fahrzeug mit Meiller-Absetzanlage. (Fahrgestell Mercedes-Benz 1419/42 Ko von 1979). In dem Gitter-Absetzaufbau befinden sich Ölpumpen und -schläuche. Auch in Duisburg und München führten die Feuerwehren dieses Absetz-System ein und verwenden es bis heute, allerdings parallel zum heute üblichen Haken-Abrollsystem.

Mit dem schweren KW 20 endete die Tradition des Kran- und Rüstkranwagenbaus bei Magirus. Der Markt für derartige Feuerwehrfahrzeug war ohnehin klein, und außerdem drängten verstärkt die Hersteller von Teleskopkranen (Gottwald, MFL und andere) in diesen Bereich, zumal die Feuerwehren nach größeren Hubkräften und Ausladungen verlangten. So baute Magirus nur noch ganz wenige der hier gezeigten KW 20, einer verstärkten Ausführung des bekannten KW 16 (vgl. S. 79 oben), von denen zwei Exemplare zur BF Berlin gelangten. Der hier vorgestellte "Berliner" von 1971 hat ein Fahrgestell vom Typ FM 270D26 A 6x6, unter der markanten Motorhaube verbirgt sich ein luftgekühlter V12-Deutz-Dieselmotor mit 270 PS.

Solche Kranwagen beschafften große Feuerwehren verstärkt in den 70er Jahren. Zumeist wurden drei- und vierachsige Fahrgestelle von Faun verwendet, aber es gab auch andere Fabrikate. Die Hubkräfte dieser Fahrzeuge reichen von 20 bis 45 t, je nach Ausführung. Als nachteilig erwies sich der hohe Wartungsaufwand und die großen Fahrzeugabmaße, die sich bei Einsätzen oft als zu "unhandlich" herausstellten. In den 80er Jahren beschafften die Feuerwehren daher verstärkt die wesentlich kleineren und kompakteren Fahrzeuge von Liebherr und Krupp, die über Allradlenkung verfügen und der älteren Generation hinsichtlich der Hubkräfte in nichts nachstehen. Hier zu sehen ist der KW 25, den die BF Nürnberg 1979 erhielt. Das Faun-Fahrgestell ist vom Typ FK 30.31/54, der Aufbau stammt von Gottwald.

Obwohl der Kran der BF Braunschweig wesentlich kompakter ist als das Nürnberger Fahrzeug, liegt die Hubkraft dieses KW 30 um 5 t höher. Liebherr lieferte den Kran vom Typ LTM 1030 im Jahre 1981, das Fahrgestell mit Allradlenkung ist vom Typ DA 53 und stammt ebenfalls von Liebherr.

Personenkraftwagen leisten heute mehr denn je Dienst bei den Feuerwehren. Ihr Aufgabenbereich ist, wie bereits im Kapitel über die 60er Jahre geschildert, weit gefächert. Häufig dienen sie als Einsatzleitwagen ELW 1 dem Einsatzleiter als mobile Befehlsstelle. Zumeist sind sie mit einfachen Hilfeleistungs-Geräten, Feuerlöscher, größerem Verbandskasten, Kartenmaterial und Nachschlagewerken für Gefahrgut-Kennzeichnungen ausgestattet, jeweils zugeschnitten auf den örtlich unterschiedlichen Bedarf einer Feuerwehr. Wegen der größeren Zuladung werden Kombi-Fahrzeuge bevorzugt, zum Teil auch Geländewagen von Mercedes oder anderen Herstellern. Hier zu sehen ist ein Passat CL Variant von 1989 der BF Ludwigshafen.

Als ELW 1 kommen mehr oder weniger alle Pkw in Betracht, soweit es sich nicht um ausgesprochene Kleinwagen oder etwa Sportwagen handelt. Die Norm fordert allerdings mindestens drei Einstiegstüren und bestimmte Beschleunigungswerte, die aber von heutigen Mittelklassewagen problemlos erreicht werden. Ein älteres Fahrzeuge ist dieser Ford Escort 1300 GT, der 1970 zur FF Saarlouis kam. Dieses Fahrzeug ist der erste Escort, der im dortigen Ford-Werk vom Band lief.

Mag dem Einsatzleiter bei kleineren Einsätzen ein Pkw genügen, so sind bei größeren Einsätzen besser ausgestattete Fahrzeuge mit entsprechenden Funk-, Fernsprech-, Telex- und Fax-Geräten nötig. Je nach Größe sind in Fahrzeugen der genormten Kategorie ELW 2 daher zwei bis fünf Arbeitsplätze zur Koordinierung der Einsatzkräfte vorhanden. Häufig werden serienmäßige Kastenwagen verwendet wobei der Größe durch die von der Norm vorgesehene Gewichtsbeschränkung auf 9 t zulässiges Gesamtgewicht Grenzen gesetzt sind. Ein solcher ELW 2 ist, vom Land Nordrhein-Westfalen beschafft, bei der FF Bergneustadt im Einsatz. Er wird bei Bedarf überörtlich eingesetzt. (Fahrgestell Mercedes-Benz 508 D/41, Ausbau Metz, Baujahr 1978).

Die ganz großen Einsatzleitwagen tragen die Bezeichnung ELW 3. Sie haben sich auch bei großen und lange dauernden Einsätzen bewährt, verfügen sie doch über alle nötigen Führungseinrichtungen auch für große Verbände. Auch im Katastrophenfall dienen sie als Führungsmittel. Zur Einrichtung einer solchen "Schaltzentrale" können einerseits Lkw-Fahrgestelle bis 16 t zul. Gesamtgewicht mit Sonderaufbauten, andererseits aber auch Omnibusse - u.U. ausgediente Linienbusse - mit entsprechenden Einbauten und Ausrüstungen in Frage kommen. Auch Wechselaufbauten kommen in Betracht. Die BF Freiburg ließ sich auf einem Mercedes-Benz-Fahrgestell vom Typ 1017/48 diesen ELW 3 maßschneidern. Der Koffer stammt von der Fa. Gebrüder Tittgemeier, Osnabrück (GeTO). Das Fahrzeug wurde 1978 gebaut.

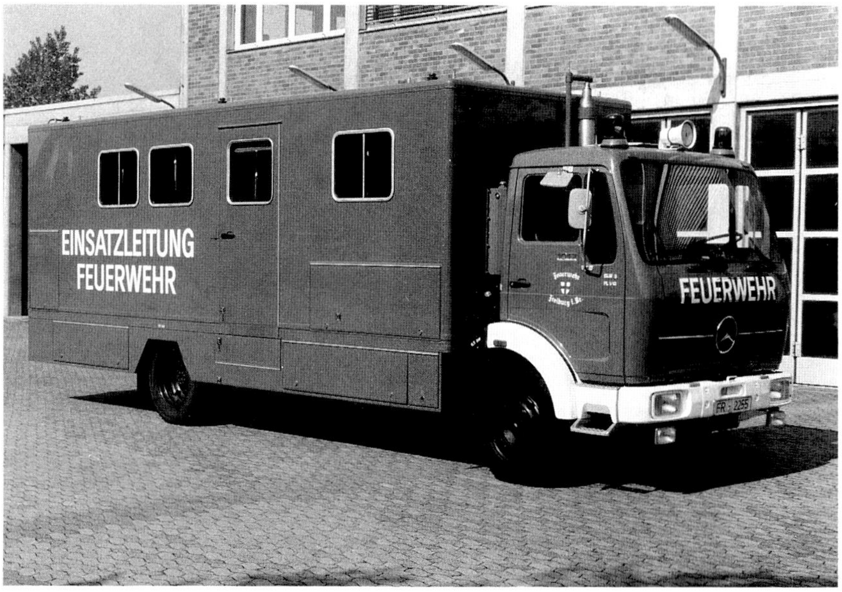

Die Omnibus-Lösung bevorzugte die BF Kassel bei ihrem ELW 3. Sie verwendete einen handelsüblichen Bus vom Typ Magirus-Deutz L 100. Den Innenausbau übernahm die Fa. Schölch/Kassel. Das Fahrzeug wurde 1979 in Dienst gestellt.

Weit verbreitet sind bei den Feuerwehren Mannschaftstransportwagen MTW, heute überwiegend Mannschaftstransportfahrzeuge MTF genannt. Praktisch kommen alle Kleinbusse (z.B. von Mercedes, VW, Iveco und den ausländischen, vor allem japanischen Herstellern) in Betracht. Begrenzt wird die Größe der Fahrzeuge durch die Führerschein-Bestimmungen, die ohne Personenbeförderungsschein nur eine Besatzung von 1+8 zulassen. Diesen Mercedes-Benz MB 100 D stellte die FF Wesseling-Urfeld 1989 in Dienst.

Als Mehrzweckfahrzeug für alle denkbaren Transportaufgaben verfügt die FF Grenzach-Wyhlen über diesen Lkw mit Pritsche und Plane, Fabrikat Hanomag-Henschel F 45. Das Fahrzeug stammt von 1970. Für besondere Zwecke besitzen Feuerwehren gelegentlich auch Kipper. Große Berufsfeuerwehren, die eine eigene Fahrschule für den Führerschein Klasse 2 betreiben, besitzen zum Teil sogar schwere Lastzüge mit Anhänger, die neutral lackiert sind, um im normalen Straßenverkehr unauffällig Ausbildungsfahrten unternehmen zu können.

Auch bei diesem VW Taro Diesel von 1992 - einem Gemeinschaftsprodukt von VW und Toyota - handelt es sich um ein Mehrzweckfahrzeug. Es dient der FF Hannoversch Münden zur Bewältigung kleinerer Transportaufgaben im täglichen Dienstbetrieb, aber auch bei Einsätzen.

Diesen auch als Mannschaftstransporter einsetzbaren Reisebus besitzt die BF Berlin. Der Auwärter Neoplan Typ N 416 ML wurde 1987 in Dienst gestellt.

Stellvertretend für die Geländewagen, die sich heute schon bei vielen Feuerwehren befinden, sei hier noch ein schon verhältnismäßig altes Exemplar von 1980 vorgestellt. Die FF Bad Tölz setzt den Toyota Land Cruiser 4WD, in dessen Heck sich ein Schrank für Geräte befindet, als ELW ein.

Als Mehrzweckfahrzeug dient dieses Fahrzeug bei der FF Garmisch-Partenkirchen. Es handelt sich um einen Steyr-Puch Pinzgauer 710 K. Beschafft wurde das Fahrzeug 1981, es dient zu verschiedensten Zecken im gebirgigen Umland der Stadt.

# Fahrzeuge in der DDR

In aller Kürze soll hier noch auf die Entwicklung der Feuerwehrfahrzeuge in der Deutschen Demokratischen Republik eingegangen werden. Dort nahm die Entwicklung nach 1945 einen anderen Weg als in der Bundesrepublik. Der sozialistischen Planwirtschaft kam die Vereinheitlichungsidee der Nazis sehr gelegen, denn das für Fahrzeugbeschaffungen zuständige Ministerium des Innern behielt diese Einschränkungen nicht nur über 45 Jahre hinweg bei, sondern handhabte sie besonders streng.

Mit den westdeutschen Normen vergleichbar waren die Technischen Güte- und Lieferbedingungen (TGL), in denen die Anforderungen an die Fahrzeuge festgelegt waren.

Nach diesen Vorschriften lieferten die in volkseigene Betriebe (VEB) umgewandelten früheren Feuerlöschgerätehersteller, zu denen G. A. Fischer in Görlitz, E. C. Flader in Jöhstadt sowie Hermann Koebe in Lukkenwalde zählten, weitgehend standardisierte Fahrzeuge, für die die wenigen Fahrgestelle aus DDR-Produktion zur Verfügung standen: Für leichte Fahrzeuge Granit 27 und 30 K, Garant 30 K und die verschiedenen LO-Typen (LO 1800, LO 2002 u.a.) vom IFA-Werk Phänomen Zittau, für mittelschwere Fahrzeuge zunächst die H3-Typen, später S-4000-1 genannt, der früheren Horch-Werke Zwickau, aus dem der VEB IFA

Drei klassische Fahrzeuge im Baustil der 50er Jahre. Bis zum Aufkommen der Frontlenker waren diese Haubenwagen vom Typ S 4000-1 bzw. H3A die Standardfahrgestelle für größere Feuerwehrfahrzeuge (v.l.: LF 16-Chemie, SW 14, TLF 15).

Phänomen Granit 27, LF-TSA mit Aufbau von Polygraph/Görlitz und TSA vom FLG Lukkenwalde, Bj. 1950 (TSA: 1972), FF Wernikow. Nachfolger der LLG bzw. LF 8 der Kriegszeit.

Robur Garant 30 K Allrad, LF-Lkw-TS 8-STA/FLG Görlitz, Bj. 1960, Museumsfahrzeug aus Riesa.

Barkas V 901/2, KLF-TS 8/FLG Görlitz, Bj. 1957, FF Bremitz, Museumsfahrzeug aus Bad Liebenwerda. Nur 12 Exemplare wurden gebaut.

Barkas B 1000 KM, KLF-TS 8/FLG Görlitz, Bj. 1983, FF Bornstedt.

Robur LO 1800 A, LF-Lkw-TS 8-STA/FLG Görlitz, Bj. 1965.

Sachsenring Automobilwerke Zwickau (später VEB IFA Kraftfahrzeugwerk Ernst Grube, Werdau) geworden war, und schließlich als dessen Nachfolger die IFA W 50 aus dem VEB IFA Automobilwerke Ludwigsfelde, einer früheren Produktionsstätte von Mercedes-Benz. Außerdem wurde noch der Kastenwagen Barkas des VEB IFA Barkas-Werke in Karl-Marx-Stadt, der seinen Ursprung in den Framo-Werken in Hainichen hat, für die verschiedensten Zwecke benutzt.

Die TGL übernahmen das bisherige Grundschema der Fahrzeugbezeichnungen und sahen als Fahrzeuge u.a. Kleinlöschfahrzeuge KLF-TS 8, vom LLG abgeleitete LF-TS 8, einfache Löschgruppenfahrzeuge LF-Lkw-TS8-STA mit einem Pritschenwagen als Basis, Löschgruppenfahrzeuge LF 15-TS (später LF 16-TS), Tanklöschfahrzeuge TLF 15 (später TLF 16) sowie Schlauchwagen SW 14 und ab 1963 auch Drehleitern (zunächst DL 25, später DL 30) vor. Soweit Spezialfahrzeuge benötigt wurden, mußten diese zumeist aus dem Ostblock oder auch aus dem Westen importiert werden. Daneben nutzte man die Fahrzeuge aus der Kriegszeit und auch die noch älteren Veteranen so gut es ging und rüstete sie zum Teil mit neuen Aufbauten aus. Auch russische Fahrgestelle kamen zum Teil für neue Aufbauten in Frage.

Nachdem die älteren Fahrzeuge in den 70er und 80er Jahren verstärkt der Ausmusterung anheim fielen, beherrschten die Frontlenker vom Typ W 50 zunehmend das Bild.

Robur LO 2002 A, LF 8-TS 8, hier ohne STA, Aufbau FLG Luckenwalde, Bj. 1988.

IFA H3A, LF 15 mit Frontpumpe, Aufbau FLG Luckenwalde, Bj. 1958, WF Zellstoffwerke Coswig, später FF Winkwitz.

IFA S 4000-1, DL 25m/FLG Luckenwalde, Bj. 1965, bis 1982 FF Mühlhausen/Thüringen, danach FF Leinefelde.
Foto: Peter Schneider, Siegen

IFA H3A, TLF 15/20, Aufbau FLG Jöhstadt, Bj. 1955, FF Ebeleben.

Molotov GAS 51, TLF 15/FLG Jöhstadt, Fahrgestell von 1947, Umbau 1948 aus Militärfahrzeug, FF Schlema. Derartige Umbauten gab es häufiger, auch auf anderen Fahrgestell-Typen aus russischer Produktion.

IFA W 50 L, LF 16-TS 8/FLG Luckenwalde, Bj. 1976, FF Riesa.

IFA G 5, TLF 15/Aufbauhersteller unbekannt, Bj. 1960, FF Medingen.

Awtowelo EMW (Eisenacher Motorenwerke, ehemals BMW) Typ 340, Dienstwagen f. Feuerwehr-Chef, später Kommandowagen, Bj. 1952; Museumsfahrzeug aus Riesa.

IFA S 4000-1, TLF 16/20, Aufbau FLG Jöhstadt, Bj. 1962, FF Hasselfelde, ehem. FF Benneckenstein.

IFA W 50 LA (Allradantrieb), TLF 16 mit Ganzmetallkoffer und Jalousie-Verschlüssen, Aufbau FLG Luckenwalde, Bj. 1985, FF Wernigerode.

IFA W 50 L, DL 30/FLG Luckenwalde, Bj. 1968, FF Riesa. Fahrzeug hat handbediente Abstützungen.

Deren Produktion wurde Anfang der 90er Jahre, wie die aller DDR-Fahrzeuge (abgesehen vom Multicar), eingestellt, so daß die Feuerwehren heute bei Neuanschaffungen auf westliche Produkte zurückgreifen. Dabei werden jedoch auch Aufbauten von Herstellern aus den östlichen Bundesländern in Anspruch genommen (z.B. von FGL, Luckenwalde, ehemals Koebe).

Nach der Vereinigung von BRD und DDR ist die Situation heute so, daß zwar den Feuerwehren eine ausreichende Zahl an Löschgruppen- und Tanklöschfahrzeugen zur Verfügung steht, jedoch mangelte es an Rüst- und Gerätewagen, die in der DDR weitgehend unbekannt geblieben sind. Auch moderne Drehleitern sind gefragt, teilweise sogar mit Steighöhen bis 37 m. Der Bund unterstützt die schnelle Verbesserung der allgemeinen Situation, indem er an die Feuerwehren verstärkt Katastrophenschutz-Fahrzeuge ausliefert.

Was in der DDR und im Ostblock nicht produziert werden konnte, wurde im Westen gekauft: Die BF Ostberlin erhielt z. B. 1956 diese DL 52 von Metz auf einem Krupp-Fahrgestell vom Typ Tiger L 8 Tg 5. Das Fahrzeug gehört seit 1988 einem Sammler im Ruhrgebiet.

IFA W 50 L, Wechselaufbau-Fahrzeug mit Schlauch-Container SW 30-C, Aufbauhersteller unbekannt, Bj. 1980, FF Wernigerode. Weitere Aufbauten hatte das Fahrzeug bezeichnenderweise nicht.

IFA (Horch) P 3, Kübelwagen KbW (Kommandowagen Kdow). Die Fahrzeuge wurden für Einsatzleiter eingeführt, es bestand jedoch kaum Bedarf dafür, so daß später TSA damit gezogen wurden (TSA-Daten: gebaut bei FLG Görlitz, Bj. 1964).

IFA S 4000-1, SW 14-TS 8/FLG Luckenwalde, Bj. 1959, FF Mühlhausen/Thüringen. Bemerkenswert ist das Anhänger-Dreieck auf dem Dach!

IFA S 4000-1, Rettungs-Gerätewagen RTGW/FLG Luckenwalde, Bj. 1965; ehem. WF VEB Hüttenbaukombinat Albert Funk, heute Museumsfahrzeug aus Riesa

Zwei Ausrücke-Dienstwagen ADW von Wartburg, links der Typ 311 (Bj. 1958), rechts ein Kübelwagen P 311 (Bj. 1959). Der Kübel stammt von der BF Leipzig. Beide sind heute Museumsfahrzeuge in Riesa. Auch neuere Wartburg-Bauarten fanden selbstverständlich als ADW Verwendung.

Tatra T 815 PJ (6x6) mit vorgehängter Kabine, KW 28, Aufbau Tatra, Bj. 1990, BF Ostberlin. Foto: Ralf Weinreich, Halle/S.

IFA Trabant 601 Kübel, Kommandowagen, FF Roßwein (übernommen von der NVA). Selbstverständlich war auch die Normalform des Trabant bei Feuerwehren im Einsatz.

Mangels eigener Konstruktionen mußten auch Sonder-Tanklöschfahrzeuge wie diese, vor allem für Flughäfen und Industriebetriebe bestimmt, importiert werden. Von links sind zu sehen: Tatra T 148, TLF 32/30-55, Aufbau Rosenbauer, Bj. 1971; Tatra T 138, PLF 8500 (TroLF), Aufbau Bachert/Total, Bj 1971; Tatra T 815, TLF 32/80-8, Aufbau Karosa, Bj. 1986. WF VEB Buna. Foto: R. Weinreich, Halle/S.

# KatS-Fahrzeuge

Zahlreiche Freiwillige Feuerwehren haben Aufgaben im Rahmen des Katastrophenschutzes (KatS) übernommen. Dies geschah ab 1958 im Luftschutzhilfsdienst (LSHD), der 1968 in den KatS eingegliedert wurde. Neben den Feuerwehren, die im Fachdienst Brandschutz und ABC-Dienst tätig sind, teilen sich das Technische Hilfswerk THW, der Arbeiter-Samariter-Bund ASB, das Deutsche Rote Kreuz DRK, die Deutsche Lebens-Rettungs-Gesellschaft und andere Organisationen weitere Fachdienste wie Bergungs-, Instandsetzungs-, Sanitäts-, Betreuungs-, Veterinär-, Fernmelde- und Versorgungsdienst.

Um ihre Aufgaben wahrnehmen zu können, werden den am KatS beteiligten Feuerwehren besondere Fahrzeuge mit Ausrüstung zur Verfügung gestellt. Von Vorteil ist dabei, daß diese nicht nur für KatS-Aufgaben, sondern für alle Einsätze zur Verfügung stehen. Organisatorisch sind die KatS-Einheiten bei den Feuerwehren in Züge mit unterschiedlicher Ausstattung unterteilt. Ursprünglich waren dies u.a. Angriffs- und Wasserversorgungszüge, heute sind es Löschzüge "Löschen und Retten" sowie "Löschen und Wasserversorgung", außerdem noch der ABC-Zug. Auf weitere Einzelheiten soll hier nicht näher eingegangen werden. Aus Gründen der Einfachheit wurden Fahrzeuge mit weitgehend einheitlichen Kof-

Borgward B 522 A, TLF 8, Aufbau Voll, Ausrüstung Ziegler, Bj. 1959, FF Marl, Lz. Bossendorf. Nur geringe Stückzahlen wurden beschafft, da in der Serie dem Unimog der Vorzug gegeben wurde (vgl. rechte Seite unten).

Magirus-Deutz F Mercur 120 A, LF 16-TS, Aufbau Magirus, Bj. 1960.

Magirus-Deutz F Mercur 125 A, TLF 16 (Typenschild: TLF 16-LS), Aufbau Metz, Bj. 1958, FF Sonsbeck, Lz. Hamb. Prototyp, in der Serie wurde das Eckhauber-Fahrgestell beschafft.

Magirus-Deutz FM 125D10 A, TLF 16, Aufbau Rathgeber, Ausrüstung Magirus, Bj. 1967, FF Lünen.

Mercedes-Benz Unimog S 404, ehemaliges Vorauslöschfahrzeug VLF, Aufbau Voll/Würzburg, Bj. 1965; 1975 durch Kükke/Elberfeld umgebaut zum Hilfsrüstwagen HRW; FF Remscheid, Lz. Lennep.

Mercedes-Benz Unimog S 404, TLF 8, Magirus-Aufbau, Bj. 1963, FF Oberhausen, Lz. Königshardt.

Magirus-Deutz F Mercur 125 A, SW 2000, Aufbau Thiele/Bremen, Bj. 1965, FF Westerstede.

MAN 11.168 HA, Pritschenwagen mit absetzbarem Kofferaufbau SW 2000, Koffer von Voll/Würzburg, Bj. 1982. FF Bergneustadt, Lz. Kleinwiedenest. Prototyp, vermutlich ein Einzelstück, da keine SW mehr beschafft wurden.

feraufbauten beschafft, und zwar von 1956 bis 1964 Vorauslöschfahrzeuge VLF (Unimog S 404), Tanklöschfahrzeuge TLF 8 (zumeist ebenfalls Unimog S 404, aber auch Borgward B 522 A), LF 16-TS, TLF 16, Wasserförderwagen und Schlauchkraftwagen (SKW) auf Magirus-Fahrgestellen (Mercur 125 A). Die Ausstattung der Fahrzeuge entsprach nicht in allen Punkten den üblichen Feuerwehrfahrzeugen. Einzelne Versorgungszüge bei den Feuerwehren verfügten auch über Lkw mit Pritsche und Plane sowie einige weitere Sonderfahrzeuge (z.B. Küchenwagen).

Organisatorische Veränderungen im Konzept des KatS bedingten etwa Ende der 70er Jahren den Umbau der VLF zu Hilfsrüstwagen HRW unter Beibehaltung der Kofferaufbauten. Im Rahmen eines Erneuerungs- und Vervollständigungsprogramms wurden in den 80er Jahren auch Rüstwagen RW 1 (Fahrgestelle: Unimog U 1300, Magirus-Deutz FM 130M7 FA, MAN-VW 8.136) und neue LF 16-TS (Fahrgestelle Mercedes-Benz LAF 1113, 917 AF, Magirus-Deutz FM 130D9 FA, Iveco-Magirus 90-16 AW) beschafft. Wenige Jahre zuvor war bereits beim LF 16-TS die Ersatzbeschaffung für die erste Generation auf Magirus-Deutz-Fahrgestellen vom Typ FM 170D11 FA angelaufen.

Schlauchwagen wurden um 1980 nur noch wenige neu beschafft (Fahrgestell: Mercedes-Benz LAF 1113) und für TLF 8 und TLF 16 gab es keine Ersatzbeschaffungen mehr. Um den dringenden Bedarf an Hilfeleistungsfahrzeugen in den neuen

Magirus-Deutz FM 170D11 FA, Gerätekraftwagen GKW, Aufbau Voll/Würzburg, Bj. 1980, Bergungsdienst im Katastrophenschutz der Hansestadt Hamburg. Lackierung in leuchtrot. GKW gehören normalerweise zum Technischen Hilfswerk und sind blau lackiert.

Mercedes-Benz LAF 911/42, MKW (Mannschaftskraftwagen), Aufbau Voll/Würzburg, Bj. 1981, rote Lackierung; Bergungsdienst im Katastrophenschutz der Hansestadt Hamburg. MKW gehören normalerweise zum Technischen Hilfswerk und sind blau lackiert.

MAN 1580 DHA, Treibstoff-Transporter 18.000 l, Tankaufbau Strüver/Hannover, Bj. 1966, Katastrophenschutz der Hansestadt Hamburg; Lackierung in rot. Mit dem Fahrzeug können bei Großeinsätzen Katastrophenschutz-Einheiten (z.B. der FF) mit Kraftstoff versorgt werden. Es sollen drei solcher Fahrzeuge gebaut worden sein, die in anderen Bundesländern im Einsatz standen.

Bundesländern decken zu können, wurden 1991 hundert Pritschenwagen mit Plane als Hilfsrüstwagen HRW (Fahrgestell: Robur LO 2002 A) umgerüstet. Im übrigen werden seit der Vereinigung der beiden deutschen Staaten in erster Linie die östliche Bundesländer mit neuen Fahrzeugen für den KatS ausgestattet. Ferner ist für 1993 und 1994 wieder die Beschaffung weiterer Schlauchwagen vorgesehen.

Als Aufbau-Hersteller für die Kofferaufbauten sind Magirus, Gaubschat, Graaff, Rathgeber, Voll, die Zeppelin-Werke, Thiele und Metz zu nennen. Bei den Fahrzeugen ab 1978 kamen die Firmen Lentner, die Zeppelin-Werke, die Odenwald-Werke, Voll und Wackenhut zum Zuge.

Iveco-Magirus 90-16 AW, LF 16-TS, Aufbau Lentner, Ausrüstung Magirus, Frontpumpe Ziegler, Bj. 1987, FF Drolshagen.

Mercedes-Benz LAF 1113/42, LF 16-TS, Aufbau Lentner, Führerhaus Wackenhut, Bj. 1983, FF Gummersbach.

Borgward B 4500 A Diesel, Küchenwagen, Aufbau Eylert/Wuppertal, Bj. 1958, FF Herzogtum Lauenburg, FTZ Elmenhorst.

Hanomag AL 28, GW-Wasserförderbereitschaft, Bj. 1967, FF Bonn, Lz. Bad Godesberg.

Magirus-Deutz F Mercur 125 A, Wasserförderwagen WFW, Bj. 1966, Mittelpumpe FP 40/7, FF Bonn.

Mercedes-Benz Unimog U 1300 L, RW 1, Aufbau Odenwaldwerke (OWR), Bj. 1984, FF Lippetal, Lz. Lippborg.

Mercedes-Benz 917/36 AF, LF 16-TS, Kabine von Voll/Würzburg, Geräteaufbau von Lentner, Bj. 1992, FF Hildburghausen. 18 Fahrzeuge dieses Typs wurden 1992 nach Thüringen für dortige Katastrophenschutz-Einheiten geliefert.
Foto: Peter Schneider, Siegen

Magirus-Deutz FM 170D11 FA, LF 16-TS, Aufbau Zeppelin-Werke/Friedrichshafen, Bj. 1980, FF Horn-Bad Meinberg.

Magirus-Deutz 130-7 AW (130M7 FAL), RW 1, Aufbau Voll/Würzburg, Bj. 1984, FF Attendorn; angehängt ist ein Sirenen-Anhänger.

MAN-VW 9.136 FAE, RW 1, Aufbau Odenwaldwerke (OWR), Bj. 1987, FF Mönchengladbach, Lz. Rheydt.

Robur LO 2002, Hilfsgerätewagen HRW, Ausrüstung durch Feuerlöschgerätewerk Luckenwalde (ehem. Koebe/Luckenwalde), Umbau aus NVA-Fahrzeug (Bj. 1984) im Jahre 1990. Genau 100 solcher Fahrzeuge wurden für die neuen Bundesländer umgerüstet, um den Mangel an Rüstwagen zu mildern.

# Die wichtigsten Abkürzungen

BF=Berufsfeuerwehr
DFM=Dt. Feuerwehr-Museum, Fulda
DL=Drehleiter
DLK=Drehleiter mit Korb
ELW=Einsatzleitwagen
FF=Freiwillige Feuerwehr
FLF=Flughafen-Löschfahrzeug
FLG=Feuerlöschgerätewerk
FIKS=Flieger-Kraftspritze
FP=Feuerlöschpumpe
GDL=Große Drehleiter
GLA=Gelenk-Löscharm
GLG=Großes Löschgruppenfahrzeug
GM=Gelenkmast
GTLF=Groß-Tanklöschfahrzeug
GW=Gerätewagen
HLF=Hilfeleistungs-LF
KL=Kraftfahrdrehleiter
KLF=Klein-Löschfahrzeug
KS=Kraftspritze
KW=Kranwagen
KzS=Kraftzug-Spritze
LB=Leiterbühne
LDL=Leichte Drehleiter
LF=Löschgruppenfahrzeug
LHF=Lösch-Hilfeleistungsfahrzeug
Lg.=Löschgruppe
LLG=Leichtes Löschgruppenfahrzeug
Lz.=Löschzug
MTW=Mannschaftstransportwagen
MZF=Mehrzweckfahrzeug
RKW=Rüstkranwagen
RLM=Reichsluftfahrtministerium
RMdI=Reichsministerium des Inneren
RW=Rüstwagen
SDL=Schwere DL
SLG=Schweres Löschgruppenfahrzeug
SoLF=Sönderlöschmittelfahrzeug
SoTLF=Sondertanklöschfahrzeug
St.=Staffelkabine (z.B. bei RW 3-St.)
STA=Schlauch-Transportanhänger
SW=Schlauchwagen
TLF=Tanklöschfahrzeug
TM=Teleskopmast
TroLF=Trocken-Löschfahrzeug
TroTLF=Trocken-Tanklöschfahrzeug
TS=Tragkraftspritze
TSA=Tragkraftspritzenanhänger
TSF=Tragkraftspritzenfahrzeug
VGW=Voraus-Gerätewagen
VRW=Voraus-Rüstwagen
WAF=Wechselaufbaufahrzeug
WF=Werkfeuerwehr
WFW=Wasserförderwagen
WLF=Wechselladerfahrzeug
ZB=Zubringerfahrzeug
ZLF=Zumischer-Löschfahrzeug

# Quellen

a) Bücher

Erweiterter Katastrophenschutz - Daten und Fakten (BZS-Schriftenreihe);
Gihl, Drehleitern;
Gihl, Handbuch der Feuerwehr-Fahrzeugtechnik;
Herth, Sonderlöschfahrzeuge;
Koebe, Feuerwehrtechnik - damals. Das große Werk von Koebe-Luckenwalde bis 1945;
Orth, Feuerwehr in der Geschichte;
Oswald, Lastwagen, Lieferwagen, Transporter 1945 - 1988;
Oswald, Mercedes-Benz Lastwagen und Omnibusse 1886 - 1986;
Oswald/Gihl, Fahrzeuge der Feuerwehr und des Rettungsdienstes;
Profeld/Fröhlich, Feuerwehrfahrzeuge im Wandel der Zeit und ihre Einsatzpraxis;
Rabe, Der Zukunft ein Stück voraus;
Regenberg, Die Deutschen Lastwagen der sechziger Jahre, Band 1 u. 2;
Regenberg, Die Deutschen Lastwagen der Wirtschaftswunderzeit, Band 1 u. 2;

b) Zeitschriften / Periodika

Blaulicht Fahrzeug Magazin, Jahrgänge 1983 - 1992, einschl. Sonderhefte;
Brekina Autohefte extra, Ausgaben 1 (Krupp) und 2 (Opel Blitz);
Brekina Autohefte, Jahrgänge 1984/85 - 1992/93;
Feuerwehr Magazin, Jahrgänge 1987 - 1992;
Historischer Kraftverkehr, Jahrgänge 1982 - 1992;
Lastauto-Omnibus-Kataloge, Jahrgänge 1980 - 1993;

c) sonstiges Material

Prospekte und Kataloge der bekannten Aufbau- bzw. Fahrgestell-Hersteller; umfangreiche Nachforschungen und Aufzeichnungen des Verfassers.

d) Bildquellen-Nachweis

Iveco-Magirus, Ulm (1);
Peter Schneider, Siegen (3);
Ralf Weinreich, Halle/S. (2).

Alle nicht namentlich gekennzeichneten Abbildungen stammen vom Verfasser.